王卡 注譯
黃志民 校閱

新譯道門觀心經

三民書局

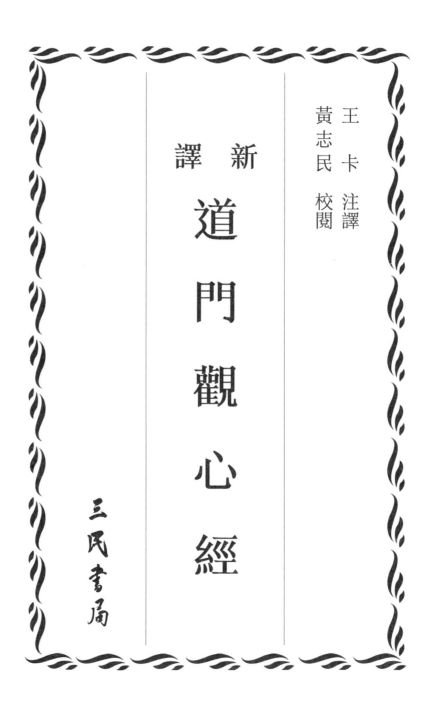

刊印古籍今注新譯叢書緣起

劉振強

人類歷史發展，每至偏執一端，往而不返的關頭，總有一股新興的反本運動繼起，要求回顧過往的源頭，從中汲取新生的創造力量。孔子所謂的述而不作，溫故知新，以及西方文藝復興所強調的再生精神，都體現了創造源頭這股日新不竭的力量。古典之所以重要，古籍之所以不可不讀，正在這層尋本與啟示的意義上。處於現代世界而倡言讀古書，並不是迷信傳統，更不是故步自封；而是當我們愈懂得聆聽來自根源的聲音，我們就愈懂得如何向歷史追問，也就愈能夠清醒正對當世的苦厄。要擴大心量，冥契古今心靈，會通宇宙精神，不能不由學會讀古書這一層根本的工夫做起。

基於這樣的想法，本局自草創以來，即懷著注譯傳統重要典籍的理想，由第一部的四書做起，希望藉由文字障礙的掃除，幫助有心的讀者，打開禁錮於古老話語中的豐沛寶藏。我們工作的原則是「兼取諸家，直注明解」。一方面熔鑄眾說，擇善而從；一方面也力求明白可喻，達到學術普及化的要求。叢書自陸續出刊以來，頗受各界的喜愛，使我們得到很大的鼓勵，也有信心繼續推廣這項工作。隨著海峽兩岸的交流，我們注譯的成員，也由臺灣各大學的教授，擴及大陸各有專長的學者。陣容的充實，使我們有更多的資源，整理更多樣化的古籍。兼採經、史、子、集四部的要典，重拾對通才器識的重視，將是我們進一步工作的目標。

古籍的注譯，固然是一件繁難的工作，但其實也只是整個工作的開端而已，最後的完成與意義的賦予，全賴讀者的閱讀與自得自證。我們期望這項工作能有助於為世界文化的未來匯流，注入一股源頭活水；也希望各界博雅君子不吝指正，讓我們的步伐能夠更堅穩地走下去。

新譯道門觀心經 目次

刊印古籍今注新譯叢書緣起
導讀
太上升玄消災護命妙經……一
太上洞玄靈寶智慧觀身經……一一
太上老君內觀經……二七
太上老君說常清靜妙經……六一
太上老君清靜心經……七五

太上老君說了心經……八五
洞玄靈寶定觀經……八九
太上洞玄靈寶觀妙經……一〇七
元始天尊說太古經……一二一
元始天尊說生天得道經……一三一
參考書目……一四一

導讀

中國歷史上的南北朝隋唐時代，是道教哲學和修持理論有重大發展的時期。當時的道教哲學理論，被近代學者稱作「重玄學」。這一學說的主要特點，是融合佛道二教思想，對道體有無、形神關係、性命修煉等問題進行探討，旨在指導信徒修仙證道，安定身心，解脫生死煩惱，悟入重玄境界。歸納起來，重玄學主要討論了以下三個問題：

第一、有無雙遣的道體論

對「道」的認識和解釋，是道家哲學的首要論題。《老子》書中第一章即描述「道」

的性質，指出道既是常有，又是常無；「此兩者（有無）同出而異名，同謂之玄。玄之又玄，眾妙之門」。按傳統解釋，玄之又玄，形容作為宇宙萬物本體的「道」深奧難測，不可言狀。老子所謂的道，是有與無對立統一的宇宙本體。漢代黃老道家的宇宙論，雖然也說道體無形無名，但又肯定道為萬物本源，是能生物應物的造物者。魏晉玄學家在探討道體時，分為貴無、崇有等不同派別。貴無派的王弼認為道體是「無」，天下萬物是「有」；有生於無，無是萬物之本。無與有的關係是本與末、體與用的關係。因此治國修身都應以無為本，「崇本息末」。崇有派的裴頠反對王弼觀點，認為老子所說的道，雖「以無為辭，而旨在全有」。無只是假名而非真無，作為萬物本體的道，實際上是比萬物更真實存在的「全有」。因此老子學說並非「以無為宗」，更沒有崇本息末，只重視道體而輕視萬物的意思。西晉郭象的「獨化論」對貴無、崇有二說有所整合，認為無在有之中，不在有之外。他的學說用萬物自生自化的觀點，否棄了道生萬物的宇宙論，認為造物者無物，乃物自造，其說雖妙，卻未必合於老莊本意。

南北朝隋唐的道教學者在解釋《老子》時，對秦漢黃老學和魏晉玄學都不滿意。他們認為無論肯定道體是有是無，都是執著偏見，應該有無雙遣，「既不滯有，亦不滯無」，而持非有非無的「中道觀」；進而執中無中，「不滯於不滯」，將遣除偏執的念頭也除去，這才是老子所說「玄之又玄」的本意。玄之又玄就是重玄，或稱雙玄。道教重玄學者借用當時大乘佛教中觀派、三論宗對「真如實相」的論證方法，宣稱道體非有非無，亦有亦無，有無不定；道體實是空，而不與空同；道無所不在，而所在非道；道為萬物之妙本，而萬物實無本可本；道與物不一不異，而一而異；「道不離物，物不離道。道外無物，物外無道。用即道物，體即物道。」道體離有無、色空、是非等一切名言妄見，是超越有無、自然空寂的無本之本。

這些話聽起來就像繞口令，其實質是以既不肯定也不否定的辯證邏輯，來說明道體不可言說的性質。既然道體超言絕象，本性空寂，那麼唯有遣除分別有無、色空的主觀想法，方可悟得道體。而所謂「得道」，實亦得無所得。所以《本際經》說：「正觀之人前空諸有，於有無著；次遣於空，空心亦淨，乃曰兼忘。……如是行者，於空於有，無所滯著，名之曰玄；又遣此玄，都無所得，故名重玄，眾妙之門。」重玄家認為只有悟入重玄境界，方可通觀眾妙，變通無礙，達到自我與道體玄同相通的境界。

第二、眾生有道性論

道教重玄學受南北朝隋唐佛教討論「佛性」的影響，提出了「道性」問題。所謂「道性」，指一切眾生稟賦於道，與道同一的真心本性。這個真心本性是眾生應該修道並能得道的內在根據。佛教的佛性論分為大乘空宗和有宗兩派，前者認為諸法與真如本性皆空；後者則承認諸佛實有，法身常在，肯定一切眾生皆有佛性。在道教的心性論中也存在兩種觀點，如《本際經》所說「一切法性即是無性，法性道性俱畢竟空」，就與大乘空宗之說相近。但這種說法對重玄學者的影響不如大乘有宗。因為重玄學者探討道性的目的，是要說明眾生修道得道有內在的根據，不能完全否定道性的真實存在。因此道性論從道家哲學有無兼宗的立場融合了佛教空、有二宗之說。重玄家認為：道既非無有，亦非無無，而是有與無對立統一的「妙無」。這個妙無即道性或法相。《海空經》說：

何謂妙無？即是道性。以何因緣？道性之理，自為妙無，以淵寂故，以應感故。若以住於淵寂之地觀於諸有，則見無相；若以住於應感之地觀於諸有，則見有相。善男子！若言道性全為無有，中有感應；若言道性全為有者，而實寂泊。以是當知，道性之有非世間有，道性之無非世間無。是謂妙無。

這就是說：從道體虛寂清靜的本質來看，道性是無；從道能應感萬物的功能來看，道性是有。道體無形而有用，非物而能應物；道遍在一切，故一切眾生皆含道性。道性與萬物眾生之性非一非異，是一亦是二。唐人王玄覽《玄珠錄》說：「眾生稟道生，眾生非是道；道性眾生性，皆與自然同。」道與眾生之關係，猶如用印在泥上印字，泥中無數字，而本印字不滅；泥中字與本印字同，而泥並非本印。正因為道與眾生既相同又有不同，所以眾生應該修道，並且能夠修道而得道。從本體來看，道與眾生非一，故眾生須修道才能得道；從本性來看，道與眾生無二，所以眾生能夠修道而得道。所以《玄珠錄》云：「明知道中有眾生，眾生中有道。所以眾生非是道，能修而得道；所以道非是眾生，能應眾生修。是故即道是眾生，即眾生是道。」該書還認為：道性與眾生性都是假名分別，若要契入重玄，須得二者兼忘。「道性眾生性，二性俱不見，以其不見故，能與至玄同。」

隋唐重玄學還吸取佛教心性說，提出道性就是眾生清靜空寂的真心本性。他們認為眾生的心性得自道體，本來清靜澄明，具足一切功德智慧，但為後天塵緣迷惑染蔽，以致心動神馳，與道隔斷。若能方便修行，斷諸煩惱，清除污垢，恢復本心，則能復歸於道，所以修道即是修心。《太上老君內觀經》說：「道者，有而無形，無而有情，變化不測，通神群生，在人之身則為神明，所謂心也。所以教人修道則修心也，教人修心則修道也。」又說：「人以難伏，唯在於心。心若清淨，則萬禍不生。」重玄學者以人先天所具的清靜心性為成道之本；以妄執物欲為眾生道性迷染，輪迴生死之因；以遣除妄執為得道成真之要途。司馬承禎《坐忘論》說：「原其心體，以道為本，但因心神被染，蒙蔽漸深，流浪日久，遂與道隔。若淨除心垢，開神識本，名曰修道。」《三論玄旨》也說：「眾生沉淪苦海，莫不因心而然。滅妄歸真，自然之源妙矣。」可見重玄學的道性論最終歸結為心性的修養。

第三、觀行坐忘的修道方法

所謂重玄之道，不僅指非有非無的道體和眾生本具的清靜道性，更是指導道教徒悟道修心的方法。重玄學者畢竟不是專業的哲學家或政治家，而是宗教信徒。他們論述重玄道體和眾生有道性，旨在具體地指導宗教修煉的實踐，以期實現其成仙得道的信仰。因此他們吸取大乘佛教的「觀行」方法，作為破除執著妄念、契入重玄的門徑。所謂觀行，是指用宗教觀點進行分析觀察，澄心定念，以期悟得真道。觀行也稱內觀或定觀，有時分為氣觀、神觀二種，氣觀修定，神觀修慧。隋唐時出現許多指導內觀修行的經典。例如《太上老君說常清靜妙經》，以觀心、觀形、觀物作為「澄心遣欲」，漸入真道的門徑。經文分析人身心不能常保清靜的原因，是受情欲擾亂牽累，能澄心遣欲則心神自然清靜。澄心遣欲的要訣是以重玄之道來觀想身心境物，既要遣除以物我為實有的俗見，又要遣除執持「空無」的見解，「觀空亦空」，「無無亦無」。使自心既不滯於有，又不滯於無；既不執著於境物，又能與物常應常靜，此之謂常清靜。能達到如此境界者，方可悟入真道而得道。但所謂「得道」，也只是一種方便假說，「雖名得道，實無所得」。因為道本來就是空無，得道只是使心靈達到空明寧靜的境界而已，並非真要得到什麼具體的東西。《常清靜經》全篇旨義既以老莊虛靜無為思想為本，亦吸取大乘佛教空、有二宗義理，為同類道經之最精萃者。類似觀點在《內觀經》、《定觀經》等道經中亦有論述。

唐王玄覽《玄珠錄》對觀心定心的論述更近於佛教。他認為：「心生則法滅」，修心者應該常以無心為心，使心無生無滅。其修心要訣為：「莫令心不住，莫令住無心，於中無抑制，任之取自在，是則為正行」。他還指出：求心喻如剝芭蕉，剝至無皮無心處，便是大一（真心）。司馬承禎的《坐忘論》則吸取莊子所說「心齋坐忘」為悟道登真方法。其坐忘修心的要訣在收心攝念，使心念不起，「內不覺其一身，外不知乎宇宙，與道冥一，萬慮俱遣」。具體修行程序分為敬信、斷緣、收心、簡事、真觀、泰定、得道等七個階段。在最後階段，修道者可達到形神虛融，與道合一，存亡自在，出入無間，超越生死變滅的境界，是之謂「神人」。

隋唐道士對定心修性有兩種不同的說法。一種以上述《常清靜經》、《定觀經》、

《玄珠錄》、《坐忘論》等經論為代表。他們受佛教中道觀及見性成佛說影響較大，主張「但凝空心，不凝住心」。就是說要在修煉中使心無所住，既不執著色身物欲，亦不拘執心神住於空境，生出形神超凡得道的想法。因為追求形神合道的想法仍是將道體當作某種真實存在，使心神有所執著，終非真正的覺悟。故《坐忘論》說：「執心住空，還是有所，非謂無所。凡有所住，則自令人心勞氣發，既不合理，又反成疾。」這種反對心有所住的觀點，被稱作「得性遺形」。

另一種心性修煉方法，則受神仙道教長生不死說影響，主張「凝住心不凝空心」，要使心有所停住，形神俱超。認為「只凝空心，不凝住心」是佛教「打頑空」，不能使人修成形神俱妙的不死真仙，只能修成精神超越而肉身沉淪的「清虛善爽之鬼」。這種主張形神雙修，心與道合的說法，大約起於唐道士吳筠的《玄綱論》之後。《玄綱論・以有契無章》稱：

> 或問曰：道本無象，仙貴有形，以有契無，理難長久，曷若得性遺形之妙乎？
>
> 愚應之曰：夫道，至虛極也，而含神運氣，自無而生有。故空洞杳冥者，大道無形之形

也；天地日月者，大道有形之形也。以無繫有，以有含無，故乾坤永存而仙聖不滅。故生者天地之大德也……死者人倫之荼毒也。是以鍊凡至於仙，鍊仙至於真，鍊真合乎妙，合妙同乎神。神與道合，即道為我身，所以升玉京，游金闕，能有能無，不終不歿，何為理難長久乎？若獨以得性為妙，不知鍊形為要者，所謂清虛善爽之鬼，何可與高仙為比哉？

吳筠批評了只求心性超越，而不肯煉形成仙的主張。他提出的形神雙修，以有契無，標明道教哲學重新回到追求長生的立場。原來魏晉前後的神仙道教，其根本宗旨是要通過精神形體的鍛鍊，使自我身心與道體合一，從而達到長生不死的目的。隋唐重玄學興起之後，受大乘佛教諸法皆空思想的影響，反對執空住無，因此在修煉中有偏重修心見性而忽視煉形長生的傾向。但是從道教本身的立場來看，如果只言修性而不講煉形長生，那就與主張「見性成佛」的佛教沒什麼根本區別了。自魏晉隋唐以來，中國學者雖然對佛教思想的吸收融合大有進展，但以重視人倫實用為特點的儒道思想家，畢竟難以完全接受那種徹底空無的印度哲學。因此道教哲學最終仍要回到追求長生的本來立場，不能一味地破有說空。大約晚唐時出現的《真元妙道修丹歷驗抄序》稱：

夫至道真旨，以凝性煉形長生為上。所謂凝性者，心靈也。乃內觀不動，湛然無為焉。雖云凝心一也，乃有二德。二德者，謂住心、空心。若凝住心，則身境與道同，形性俱超，此真得長生不死，高真妙道也。若凝空心，即性超而身沉，此得脫腔尸解之下法也。蓋住心無心，即真道自會，名虛無之身實有之質矣，此得性遺形之妙，不得鍊形之要，名為清虛善爽之鬼。故經云下仙者，即脫腔尸解之法是也。凡此二說，成道之旨。若得性遺形，雖速成，然不契道旨，蓋上士保生者以為斃法而不修也。凝住心，神形氣俱得。得者壽延萬歲，名曰仙人；又鍊身成炁萬年，名曰真人；又萬年鍊氣成神，名曰神人；又鍊神三千年，名曰至人；又鍊至人三千年成道人，而證高真之果。此道為上品之真爾。

自吳筠之後，主張形神雙修的思想在晚唐五代漸成潮流。這時出現的《太古經》、《生天得道經》、《三論玄旨》等書，都有心性修煉與形氣修煉結合的特點。到了宋元時期，「性命雙修」成為道教內丹修煉的基本法則。內丹哲學代替重玄哲學，成為道教主要的思想理論。

南北朝至隋唐五代，出現了大批論述重玄義理的道教經書論著。其中有《本際經》、

《海空經》、《道教義樞》這樣的長篇大作，有成玄英、李榮等人用重玄義理注疏老莊的著作，有《玄珠錄》、《坐忘論》、《玄綱論》、《三論玄旨》等論著，還有一些短小精悍的經文。這些短小的經文言簡義深，文辭優美，誦讀起來朗朗上口，因此流傳較廣。有些經文如《升玄護命經》、《常清靜經》、《生天得道經》，已經成為道士們日常早晚功課中誦習的經典。本書從《道藏》中特別選出十篇短小的經文，加以題解、校釋、語譯，以便讀者了解隋唐道教哲學和修持理論。這十篇經文的內容大多講述道教內觀修心、悟道證真的要訣，因此總稱為「道門觀心經」。

道教經書大多假託為天尊、老君或真人講說，其作者及出世年代難以詳考。筆者根據自己對南北朝隋唐重玄學理論發展過程的了解，以及經文的內容和文字風格，大致將十篇經文編排了前後次序。前兩篇《升玄護命經》、《智慧觀身經》主要講色空、有無觀，受大乘佛教般若學空觀的影響較多，可能出現的時代較早。其後《內觀經》、《常清靜經》、《清靜心經》、《了心經》、《定觀經》、《觀妙經》等六篇，主要講重玄派修心悟道的理論和法訣，強調收心忘緣，有無雙遣，大致問世於南北朝末至隋唐之際。最後兩篇《太古經》、《生天得道經》，講心性與形氣修煉結合，追求長生成仙，有從重玄向內丹修煉過渡的特點，可能出於吳筠之後，為晚唐五代著作。

以上經文中有不少前人的注解和不同版本，本書校釋中都已參考。與前人不同的是，筆者較為重視對經文字句名詞的訓解。對言簡義賅的原文，有時還要大段引證同時代的其它道書，疏解經義。所有引證都儘量標明出處，避免無根據的浮談。由於筆者對佛教經論義理較為生疏，因此注解中難免有錯誤缺漏之處，敬請方家給予批評指正。本書對經文的語譯，主要根據自己對原文的理解作出譯文。由於原文極為簡練，為使譯文儘量明白曉暢，切近原經旨義，有時不得不加入一些原文沒有明說的詞句。因此譯文並非對原經逐字逐句的對譯，僅供讀者參考。要準確理解經文，還須讀者自己誦讀原文，反覆思考。

王卡

一九九七年於北京霞光里

太上升玄消災護命妙經

【題解】

簡稱《升玄護命經》，撰人不詳。從內容文字看，應出於南北朝末或隋唐之際。現存文本收入《道藏》洞真部本文類。另有敦煌發現的唐人殘抄本二件(P2471、S3747)，題作《太上升玄護命經》；又有唐代道士司馬承禎、宋元道士李道純、王道淵的注本三種，均收入《道藏》洞真部。李注本分經文為三章。

經文假託元始天尊所說。首章稱元始天尊在上天與諸仙真集會，觀察世間眾生對色空、有無的真理迷惑不明。次章元始天尊指出眾生對色空之理的迷誤，在於執著以色為有或以空為無的偏見，因此提出：「空即是空，空無定空；色即是色，色無定色；即色是空，即空是色」的色空觀。其要旨在既不執有，又不執無，而取中道。末章言誦讀供養此經之功德。全篇受佛教大乘空宗般若思想的影響甚為明顯。此經已被列入道士每日早晚功課必讀經書之一。

爾時元始天尊❶在七寶林❷中，五明宮❸內，與無極聖眾❹俱。

放無極光明，照無極世界❺，觀無極眾生❻，受無極苦惱；宛轉世間，輪迴生死，漂浪愛河，流吹欲海，沉滯聲色，迷惑有無；無空有空，無色有色❼，無無有無，有有無有，終始暗昧，不能自明，畢竟迷惑。

（李道純注：右一章開示說經之義。一切有情皆住有無、色空差別境界，是故天尊垂慈，演說是經，設種種方便。蓋欲使人假此幻身而修正覺，故有七寶、五明之喻。）

天尊告曰：汝等眾生，從不有中有，不無中無，不色中色，不空中空❽；非有為有，非無為無，非色為色，非空為空❾。空即是空，空無定空；色即是色，色無定色；即色是空，即空是色❿。若能知空不空，知色不色，名為照了⓫，始達妙音⓬。識無空法⓭，洞觀無礙，入眾妙門，自然解悟，離諸疑網⓮，不著空見，清靜六根⓯，斷除邪障。

（李道純注：右二章發明升玄之心法也。天尊慈憫之，故直指有無、色空的旨趣，叮嚀告誡，反覆再四。蓋欲使人離諸差別境界，不住有無空見。升玄造微之要，至是盡矣。）

我即為汝說是妙經⓰，名曰護命，濟度眾生，〔隨身供養〕⓱，傳教世間，流通讀誦。即有飛天神王、破邪金剛、護法靈童、救苦真人、金精猛獸，各百億萬眾，俱來⓲侍衛是經，隨所供養⓳，悍厄扶衰，度一切眾生，離諸染著。爾時天尊即說偈曰：

視不見我，聽不得聞。

離種種邊[20]，名曰妙道。

（李道純注：右三章誘喻持經之功德也。前說有無、色空四趣真趣，作升玄之階級，濟度之津梁。唯恐力不及者承當不去，又於是章假立種種法相，接引中人以下敬信奉持，俾之誦言求意，漸入佳境。又作四句偈言，直指玄要，直欲使其人與非人俱升玄境之意也。）

【校釋】（以《道藏》本為底本，以敦煌P2471、S3747寫本及李道純注本參校）

❶**元始天尊** 道教所奉最高尊神，據稱居於玉清仙境，能開天闢地、傳教說經。南北朝隋唐問世的道經多假託為其所說。故《隋書・經籍志》稱：「道經者，云有元始天尊，生於太元之先，稟自然之氣，沖虛凝遠，莫知其極。……天尊之體常存不滅，每至天地初開，或在玉京之上，或在窮桑之野，授以秘道，謂之開劫度人。」李道純注曰：「元始謂元始祖氣也。元始祖氣化生諸天，即釋教所謂無上道、不動尊，故曰天尊。」

❷**七寶林**　指七種寶物裝飾的上天園林，乃天尊傳經說教之處。佛經中有所謂七寶，如《妙法蓮華經・普門品》曰：「為求金銀、琉璃、硨磲、瑪瑙、珊瑚、琥珀、真珠等寶，入於大海。」隋唐道士襲用其說。如張萬福《傳授經戒法籙略說》釋七寶曰：「黃金一、珊瑚二、琥珀三、硨磲四、瑪瑙五、真珠六、碧玉七。一云琉璃、蘇牙、白玉、真珠、硨磲、瑪瑙、琥珀。」宋元內丹道士又稱人身中有七寶。如《道樞・血脈篇》云：「身有七寶，……曰津也、水也、唾也、血也、神也、氣也、精也。」李道純注此經稱：「人之一身三元四象具足，故謂之七寶林。」其說出自內丹家，但與經文之意不符。

❸**五明宮**　指天尊傳教說經所在的上天宮殿。司馬承禎頌注云：「七寶為林苑，五明宮殿寬。人身皆備有，不解向心觀。」李道純注稱：「〔五明宮〕即中宮黃庭內境，虛明普照，故曰五明宮。」皆以身中心境解釋五明宮，未免穿鑿。

❹**無極聖眾**　指無極世界諸位仙真神聖。無極，無窮無際之世界。

❺**放無極光明二句**　敦煌本 P2471、S3747 作「放無極光，照無極界」。

❻**無極眾生**　指無極世界之一切生命。

❼**沉滯聲色四句**　此數句 P2471 作「滯聲香味觸中，迷有無無色內，無色有色」。S3747 作「滯聲香味觸中，迷有無無有內，無色有色」。

案：經文「無空有空，無色有色，無無有無，有有無有」等句，是說世間眾生迷惑，不能明了「色空」、「有無」的真理，而執著色與空為實有，有與無為絕無的誤見。「有無」概念出自道家玄學，「色空」之說則源於佛教空宗。根據佛教般若學及道教重玄學之說，色與有指世間存在的一切事物和現象，空與無指事物和現象的本質虛幻不實。它們都是非有非無，有無不定的假名，不可執著當真。因此絕對肯定色是真色（無色有色）、空是真空（無空有空），或者否定假有也是有（有有無有）、肯定假無就是無（無無有無），都是獨斷的偏見。

❽**從不有中有四句**　此數句敦煌本P2471缺漏。經文指出眾生對有無、色空生出誤見的根源，是因眾生將虛假的「色、有」看作真實的，將相對的「空、無」看作絕對的。前者執著於肯定色有，後者執著於肯定空無，都是應該遣除的誤見。

❾**非有為有四句**　此四句亦為天尊批評眾生誤見，將非有非無、非色非空的世界看作真實的有或絕對的無，都是偏執的見解。

❿**空即是空六句**　此數句經文吸取佛教大乘般若學，解釋色空義理。按佛學所謂色，指一切能變壞並有質礙之事物或現象；空指事物或現象之本質虛幻不實，空寂明淨。世間一切事物和現象皆因緣而生，剎那變滅，虛假不實，故謂之空。然而空並非絕對的虛無，因為事物和現象因緣幻化，可以假名為有，若絕對否定假有的存在，則是「惡取空」。因此對色與空都應作

非有非無，有無不定觀。般若學派又認為色與空的關係是相即而不異的，事物和現象自身的本質即是空（當體空），無須等待色相敗滅之後或對色相作理性的分析論證。東晉般若學法師支遁撰《即色論》有云：「吾以為即色是空，非色滅空，斯言至矣。何者？夫色之性，色不自色，雖色而空。」（慧達《肇論疏》引）又據《世說新語·文學篇》引支遁《妙觀章》：「夫色之性也，不自有色。色不自色，雖色而空。故曰色即為空，色復異空」。支遁認為即色是空，不待色滅而後空。因為色不能自色，須待緣而有，因此色是無自性的假有，雖色而實空。他所說「色即為空」雖不錯，但又說「色復異空」，則有違般若學本義。後來姚秦般若學者僧肇撰《不真空論》批評支遁之說：「夫言色者，但當色即色，豈得色色而後為色哉？此直語色不自色，未領色之非色也。」僧肇指出對色空的論證應直接就色論色，領悟「色之非色」的道理，不必等待分析「色不自色」而後才得出雖色而空的結論。所謂「色之非色」，就是色非真色，「即色是空」的意思。僧肇之師鳩摩羅什譯《摩訶般若經》將大乘佛教色空觀表述為：「色不異空，空不異色；色即是空，空即是色；受想行識，亦復如是。」這些觀點皆為道經吸取，用於說明萬物（色有）與道體（空無）的辯證統一關係。

唐司馬承禎注解本篇稱：「是空及是色，究竟總非干。要認真空色，回心向己觀。」又曰：「空色宜雙泯，不須舉一隅。色空無滯礙，本性自如如。」其說以雙遣有無、兼忘色空觀點解釋道教重玄派修心證道法門，對經文思想有所發揮。其《坐忘論》亦曰：「若色病眾者，當觀染色都由想爾。想若不生，終無色事。若知色想外空，色心內妄，妄心空想，誰為色主？經云色者，全是想耳，想悉是空，何有色耶？」

⑪照了　明了。

⑫妙音　玄妙的義理。

⑬識無空法　認識「空」不是絕對真空的道理。

⑭離諸疑網　脫離疑惑的纏繞。

⑮清靜六根　使眼、耳、鼻、舌、身、意等六根達到清靜。六根，參見《智慧觀身經》校釋。

⑯我即為汝說是妙經　P2471作「我故為汝四輩說是妙經」。

⑰隨身供養　《道藏》本原缺，據P2471、頌注本及李注本補。

⑱俱來　《道藏》本及李注本原無「來」字，據頌注本補。

⑲隨所供養　李注本作「隨所擁護」。

⑳離種種邊　脫離各種極端偏見。佛教大乘空宗自稱其義理為脫離兩邊（執著有或無兩個極端的偏見），不偏不倚的「中道」，故稱中觀宗。其「離邊取中」，既不執著於有，亦不執著於無的論理方法對南北朝隋唐道教重玄派影響甚大。

【語譯】

從前元始天尊在上天七寶林中，五明宮內，與無極世界的諸位仙真神聖集會。他們放射出無限的光明，照亮無邊無際的世界，看到無極世界的一切生靈正在遭受著無盡的苦惱。他們在世間輾轉輪迴，生生死死，漂浪於情愛的波流，浮沉於欲望之苦海，沉溺於聲色，不能明了色空、有無的真理。以為虛空是絕對的，色相是真實的，虛無的本體（無無）是存在的，有形的事物（有有）是不存在的。因此眾生始終暗昧不明，迷惑不解。

元始天尊告訴說：你等一切眾生，將虛假的事物看作真實的存在，真如的本體看作絕對的虛無，將不真的色相視為真相，不空的真如視為空幻；以假有為真有，非無為真無，假相為真相，不空為真空。〔正確的色空觀應如下所述〕：空就是指一切事物和現象的本質虛幻不實，但這些物象並非絕對不存在；色就是指一切因緣而生的事物和現象，但這些物象都是虛幻不定的假相。一切色相本身就是空幻的，而空幻就是一切色相的本性，〔色與空的關係是相即不離，等同無異〕。如果能體悟「空」不是絕對的虛無，「色」不是真實的存有，這才是對真理達到了明確的認識。認識色空真理的人，能夠通觀一切事理而無障礙，進入玄妙的精神境界，自然覺悟明了，解脫疑惑纏繞，不再沉滯於對「空」的執著偏見，使六根清靜，斷除一切邪魔障礙。

因此我為你等講述此篇經文，名曰《護命經》，救濟超度一切眾生，傳教於世間。你等若能使此經流通，誦讀經文，就會有飛天神王、破邪金剛、護法靈童、救苦真人，以及金精猛獸多達百億萬眾，都來侍衛此經。並且因你等供養此經的功德，隨時消災除難，救度一切眾生脫離塵世的污染執著。於是元始天尊說出一首偈語：

視不見我，聽不得聞。
離種種邊，名曰妙道。

太上洞玄靈寶智慧觀身經

【題　解】

簡稱《智慧觀身經》，撰人不詳。從內容文字看，似出於南北朝或隋唐之際。敦煌唐寫本道經P3282、S6841引《智慧觀身大戒經》文字，見於本篇。疑本篇即係隋唐道士節錄東晉南朝道書《上清洞真智慧觀身大戒文》而成。原文收入《道藏》洞玄部本文類，無其它版本。

經文大致可分為兩部分。前半篇假託靜觀真人沉思冥觀自身實相，覺悟色身是空的真理。並且吸取大乘佛教法我皆空的義理，論證了不僅一切境物是空，而且空亦是空，空空亦空。旨在使人解脫對法性空相的執著。後半篇宣稱若能覺悟諸法皆空的道理，可使眾生解脫內心束縛，免離世間諸苦，功德無量。篇末附〈智慧頌〉三首，贊頌般若智慧貫通有無，為修道持戒之要法。全篇深受佛教大乘空宗般若學的影響，隋唐道教重玄學所謂「心境兩忘」之說，亦與本篇旨義相通。

一

靜觀真人❶於思微❷中觀身實相❸，深達智慧❹，了見四大❺、六種根識❻，及五聚陰❼、五印世法❽，皆悉空寂，入無相門❾。所謂外想內想、若生想若滅想❿，了了照盡，無淨穢法、無生滅法⓫。如是盡處，亦無所盡，究皆是空，空竟升玄⓬。何以故？內想者，名境觀空⓭，是空亦空，空空亦空，空無分別空故⓮；是無分別空，亦復皆空，空無二致，故言其盡⓯。

【校釋】

❶靜觀真人　道教神名，出於南北朝時代上清、靈寶系經書。

❷思微　沉思入微的狀態。

❸實相　梵文 Dharmadhātu 的意譯，亦稱法相或無相、本相。原係佛教名詞，指諸法「虛無性空」、「常住不變」的真實性狀，亦即宇宙間萬事萬物的本質或真相。實相與真如、法性、涅槃、性空、本無、真諦等概念的含義略同，區別於世俗認識所見的事物表面現象（假相）。《肇論・宗本義》稱：「本無、實相、法性、性空、緣會，一義耳。」大乘佛教又認為諸法實相超離世俗名言，不可以常識認知，唯有般若智慧方可證入。故《法華經・方便品》曰：「惟佛與佛，乃能究竟諸法實相。」道書中亦常用「實相」、「真相」等詞，與真無、妙道等術語含義相同。如《三論玄旨》說：「實相湛然而然，虛通一切自在者，即大通之道也。」

❹智慧　梵文般若 Prajñā 的意譯，或作「智度」。指用「假有性空」觀點去觀察一切事物現象，引導人破除迷惑而達到真如境界的特殊修習方法，是大乘佛教六度（六種教人解脫的修習方法）之最高者。《大智度論》卷四十三：「般若者，一切諸智慧中最為第一，無上無比無等，

更無勝者，窮盡到邊」。注曰：「般若，秦言智慧。」

❺**四大** 梵文 Caturmahābhūta 的意譯，指地、水、火、風四種能構造一切色法的基本原素。佛教認為宇宙萬物及人之身體皆由四大因緣和合而構成，四大離散則變滅，因此人身無常、不實。《四十二章經》第二十：「佛言：當念身中四大各自有名，都無我者。」《圓覺經》：「今我此身四大和合……四大各離，今者妄身當在何處？」道教亦稱人身有四大。王重陽《授丹陽真人二十四訣》云：「天有四時，人有四大。天有地、水、火、風，人有心、精、氣、神。」

❻**六種根識** 即六根。梵文 Ṣaḍindriya 的意譯，指眼、耳、鼻、舌、身、意六者，能分別取捨境象而生六種情識，為一切罪孽的根源。眼為視根、耳為聽根、鼻為嗅根、舌為味根、身為觸根、意為念慮根。（詳見《俱舍論》卷三；唐李師政《法門名義集・身心品》）道教亦吸取佛教之說。如《道德經》「善閉無關鍵不可開」句，成玄英注解稱：「外無可欲之境，內無能欲之心，恣根起用，用而無染，斯則不閉而閉，雖閉不閉，無勞關鍵，故不可開也。此明六根解脫。」

❼**五聚陰** 梵文 Pañcaskandha 的意譯，或作五陰、五蘊。佛教將世間一切有為法（物質和精神現象）分別為五大類，每一類稱作一聚或一蘊。五蘊即色（形相）、受（情感）、想（意念）、行（行為）、識（心神），此五者包括了人的一切生理和心理活動。大乘佛教認為五蘊皆空，

無真實性。故《般若心經》稱：「觀自在菩薩行深般若波羅蜜多，時照見五蘊皆空。」又說：「色不異空，空不異色；色即是空，空即是色；受想行識，亦復如是。」道書對五蘊的解釋與佛教稍有不同。如《道門經法相承次序》卷下稱：「五陰，一色陰，眼見一切色；二受陰，以覺是非；三想陰，心思惟之；四行陰，心隨想行事；五識陰，心知生滅，識想鑒記。」又《道教義樞・五陰義》云：「色識想心行，為五陰也。色者質礙五根是也，識者識著造境心也，想者想像追緣心也，心者受領知違從也，行者行緣生思量也。」可見道教五陰是指感官及認識主體的功能。

❽**五印世法**　即五法印。原係佛學術語，指印證佛教真正教義或判定佛經真偽的五條基本標準。或稱作三法印，一諸行無常、二諸法無我、三涅槃寂靜。《大智度論》卷二十二云：「佛法印有三種：一者一切有為法，念念生滅皆無常；二者一切法無我；三者寂滅涅槃。」或稱作五法印，一諸行無常、二諸行苦、三一切法空、四一切法無我、五涅槃永寂。《維摩經》卷上曰：「昔者佛為諸比丘略說法要，……謂無常義、苦義、空義、無我義、寂滅義。」凡不符合法印的道理都被稱作「外道」。本篇所謂五印世法，是指與外道相對的道教義理，無為道法。

❾**入無相門**　達到真如寂滅的境界。「無相」原係佛教名詞，指不同於世俗「有相」的真如實相，亦指法性或涅槃寂滅境界。鳩摩羅什譯《金剛經》曰：「凡所有相，皆是虛妄；若見諸相非

相，則見如來。」《涅槃經》卷三十：「涅槃名無相。」《壇經》稱：「外離一切相，名為無相；能離於相，即法體清淨。」道經中借用此詞指稱修道者心性超越有無，達到與虛寂道體合一的玄妙境界。《雲笈七籤》卷九十四引《海空智藏經》云：「三相者，所謂有相、非有相、非無相。若照此相，則得入於智慧之源。夫觀三相，舛越不同。自有眾生從有相觀入至無相，自有眾生從無相觀入至有相，自有眾生神意定然，非彼二相，而得觀見有無之相。……復有人觀於三相，作四種意：妙無妙有、粗無粗有。明此四意，自然能見非有非無。」據經文解釋，前三種觀點皆為誤見，唯第四種觀點，即明了道性非無非有、妙無妙有者，才算是正觀。

⑩**外想內想句** 皆指心中所生的想法。佛教以「想」為五蘊之一，謂心能對境取相，生出種種名言和想法。本篇中所謂外想，即指心與外在境物接觸而生出的名言表象；內想，即內心擯除境物而生出空虛無物的思想；若生想，認為事物似乎能生起的想法；若滅想，認為事物似乎有變滅的想法。從諸法悉空的觀點看，一切現象都非真實，非有亦非無，無生亦無滅。因此對一切執著於有或執著於無，若有生起若有變滅的想法，都須用般若智慧掃除淨盡，此即經文所謂「了了照盡」之意。

⑪**無淨穢法句** 謂修習者掃除心中念想之後，不再有分別淨穢、生滅之心。淨者，指無欲念的清淨之心；穢者，指受塵欲染蔽之心。按大乘佛學中道觀，諸法實相不一不異、不生不滅，

真心本性究竟空寂，無淨穢、生滅之分別。故《般若心經》云：「是諸法空相，不生不滅、不垢不淨、不增不減。」

⓬**如是盡處四句** 謂修習者盡除心中念想而達到清淨空寂之境，但此淨盡之心亦不可執著，並非真有一個淨盡之處存在。淨與非淨，究皆是空，放下淨心，方是真淨。若能明了真空畢竟也是空，方可謂體道升玄。升玄者，謂有無雙遣，領悟玄道真義也。

⓭**境觀空** 認為世間一切事物和現象皆虛假不實的觀點。此種觀點否定色相的真實性，破除了對境物的執著，但尚未認識到「空無」也是空，不可執著，因此屬於小乘佛教的色空觀。

⓮**是空亦空三句** 這幾句說「境觀空」也是空，而且「空空」也是空，因為空就是空，不能對空作任何名義的分別。這是大乘佛教的色空觀。大乘空宗認為不僅世間一切事物和現象虛假不實，而且超世間的真如涅槃境界亦是空。《放光經・放光品》稱：「菩薩摩訶薩欲住內空、外空、大空、最空、空空、有為空、無為空、至竟空、無限空、所有空、自性空、一切諸法空、無所猗空、無所有空。」據經文解釋：內空指眼耳鼻舌身意六根空；外空指色聲香味觸法六境空；大空指八方上下皆空；最空（或作第一義空）是說泥洹（涅槃）為空；空空是指諸法之空亦空；有為空指一切有生滅變化的有為法空；無為空是說一切無生滅變化的無為法（如涅槃、虛空）亦空；至境空（或作畢竟空）是說諸法非常非滅，畢竟不可得；無限空謂

無限數量亦空；所有空是說一切存在（有法）皆無有實，故空；自性空謂一切事物自身虛妄不實，非佛非他人所作，亦為空；一切諸法空，是說五蘊、十二處、十八界及一切有為法、無為法皆空；無所猗空（或作不可得空、無所得空）是說世俗認識於諸法無所得，故空；無所有空，謂「不存在」亦空。總而言之，一切事物、現象、名言，乃至佛法、虛空、得道等等，皆是空。有是空，無是空，空空亦空。

⑮**是無分別空四句**　這幾句經文是說，無分別的真空也是空，此空（真空）與彼空（境觀空）的含義相同，所以說一切諸法歸根到底都是空寂。大乘佛教認為現實世界與真如境界在本質上皆是空，二者不一亦不二，不可強作分別，以為現實世界之外另有一個真空境界存在。《寶性論》云：「道前菩薩於此真空妙有，猶有三疑：一者疑空滅色，取斷滅空；二者疑空異色，取色外空；三者疑空是物，取空為有。今此釋云：色是幻色，必不礙空；空是真空，必不礙色；若礙於色，即是斷空；若礙於空，即是實色。」

【語　譯】

靜觀真人在沉思中觀想自身的真實本相，通達深刻的般若智慧，體悟到自我的色身（四大）、情識（六根），以及世間一切有為法（五聚陰）、一切無為法（五法印），都是虛假不實的，因此而證入虛無空寂的超越境界。對世俗所謂的一切外想（心與外在境物接觸而生出的名言表象）、內想（內心擯除境物而生出的境物空虛的想法）、若生想（認為事物似乎能生起的想法）、若滅想（認為事物似乎有變滅的想法），都用般若智慧徹底掃除淨盡。不再有分別清淨與染蔽、生起與變滅之心。（雖說達到了如此清淨空寂的境界，）但對這個清淨空寂的境界亦不可執著。因為並非真有一個徹底清淨的境界存在，淨與非淨，終究都是空虛不實的。若能明了真空畢竟也是空，才算是領悟了玄道的真義。為什麼這樣說呢？因為所謂世間萬物皆空的想法，只能稱作「境觀空」。這個「境觀空」實際上也是空，而且「空空」也是空。因為空就是空，不能對空作任何名相的分別。這個無分別的「空空」畢竟也是空，與那個「境觀空」的含義相同，並無二致。所以說（不僅要掃除執著境物的想法，而且要掃除對空無的執著），這才是對空無妙道的徹底覺悟。

二

若善男女照法空性❶，無起滅心、無驕慢心、無恐怖心、無憎愛心❷，能於世間免種種苦❸。所謂生死別苦、鬼神害苦、官私口舌苦、水火刀兵饑寒苦，皆悉免離。如是盡利益，非於一人二人，必於無量無邊無量數人；非一天二天，無量無邊無量數天。其功德力，不可思議。是故此說名為解脫，名利益義、名無量義、名第一義❹。如是諸義，若書若寫，若讀若誦，若解說，是為入智慧門，遊智慧室，坐智慧床，餐智慧食，得智慧真相之體❺。即於爾時說〈智慧頌〉曰：

智慧起本無，朗朗照十方。結空峙玄霄，諸天挹流芳。
其妙難思議，虛感真實通。有有有非有，無無無不無。
智慧常觀身，學道之所先。渺渺入玄津，自然錄我神。
天尊常擁護，魔王衛寶言。晃晃金剛軀，超超太上仙。
智慧生戒根，真道戒為主。三寶由是興，高仙所崇受。
汎此不死舟，倏忽濟大有。當此說戒時，諸天來稽首。❻

【校釋】

❶照法空性　明白一切諸法本性皆空的道理。空性亦可稱作法性、無相。佛教大乘空宗認為一

切諸法皆待緣而生，無自身固有的性質，無生起變滅，虛妄不實，故稱作「性空」。不僅世間的一切有為法是空（人我空），而且出世間的一切無為法（如佛法、涅槃境界）也是空（法我空），不可執著當真。《大智度論》卷三十一稱：「眾生空、法空，終歸一義，是名性空。」只有明了一切諸法本性皆空的道理，才算通達大乘般若智慧。

❷**起滅心驕慢心恐怖心憎愛心**　皆為觸境接物而生出的情欲意念。若能通達性空智慧，對境不染，心無罣礙，自然諸想不生。《般若心經》稱：「依般若波羅蜜多，故心無罣礙，無罣礙故無有恐怖，遠離顛倒夢想，究竟涅槃。」

❸**免種種苦**　解脫世間種種苦惱。苦，為佛教四諦（苦集滅道）之一，認為人生在世將遭遇諸多身心的痛苦煩惱，如生苦、老苦、病苦、死苦、怨憎會苦（與怨恨之人相會之苦）、愛別離苦（與愛人別離之苦）、求不得苦（有所要求而不得之苦）、五陰盛苦（因色想受行識五蘊而生出的各種痛苦）等等。道書亦稱人生要經歷諸苦，如《升玄內教經》有所謂生五苦、死五苦。生五苦，一者身為奴婢，憂悲別離；二者長處愚盲，不見妙道，與師父隔；三者鰥寡孤獨，有人之形，無人之情；四者身遭橫事，牢獄纏縛；五者雖曰長壽，疾病攻身，煩惱終日。

❹**第一義**　又稱第一義諦、真諦，即最高真理之義。大乘佛教宣稱有兩種不同的真理和認識，即真諦、俗諦（或稱世俗諦）。俗諦即世間俗人的認識和道理，他們將因緣所生的諸法誤認為

真實存在，得出顛倒虛妄的道理；佛教聖賢發現世俗認識的錯誤顛倒，懂得一切諸法緣起性空的道理，他們的認識才是真實正確的最高真理，故稱真諦、第一義諦。《中論・破四諦品》稱：「世俗諦者，一切法性空，而世間顛倒，故生虛妄法，於世間是實；諸賢聖真知其顛倒性，故知一切法皆空無生，於聖人是第一義諦，名為實。」

❺**如是諸義九句**　大乘佛教認為，真、俗二諦雖有高下之分，但它們都是不可缺少的真理。因為世俗真理可以用名言表述，而最高真諦雖然超言絕相，只能體悟而不能言說，但有時為了方便世人了解真諦，又不得不借助世俗的名言解說。故《中論・破四諦品》宣稱：「若人不能知如是分別二諦，則於甚深佛法不知實義；若謂一切法不生是第一義諦，不須第二俗諦者，是以不然。何以故？若不依俗諦，不得第一義；不得第一義，則不得涅槃。第一義皆因言說，言說是世俗〔諦〕。是故若不依世俗，第一義則不可說。若不得第一義，云何得涅槃？」本篇經文所謂：「如是諸義，若書若寫，若讀若誦，若解說，是為入智慧門，遊智慧室，坐智慧床，餐智慧食，得智慧真相之體」云云，也是說必須借助世俗名言來書寫、誦讀和解釋第一義諦，才能使世人悟入智慧之門，了解緣起性空的真如實相。《雲笈七籤》卷九十四《三相論》引《海空智藏經》云：「若有學人習觀三相（有相無相非無相），了此四意（妙有妙無粗有粗無意），則為入於智慧寶城，遊智慧室，坐智慧床，餐智慧食，是得智慧機相之本。」

❻此三首〈智慧頌〉，第一首贊頌智慧源起於本無（即真如實相），映照十方，感通虛實。智慧者，是說諸法有即是無，無即是有也。第二首贊頌常以智慧觀想自身實相，是為修道悟真之第一要法。修行此道可使身心升入上界，感通天尊、魔王前來護衛，使我身不壞，超越成仙。第三首贊頌智慧是人持守戒律的根本，而持戒是道教信仰的基本教義。這三首〈智慧頌〉，又見於敦煌唐寫本道經 P3282、S6841 所引《智慧觀身大戒經》。

【語　譯】

假若世間善男信女們，都能夠明了一切諸法本性皆空的道理，不存有生起變滅之心、驕傲怠慢之心、恐怖憂懼之心、憎恨愛戀之心，如此則能在世間免除種種苦難。諸如生長之苦、死亡之苦、別離之苦、鬼神侵害之苦、官司之苦、爭吵之苦、水火災害之苦、戰亂殺害之苦、飢寒交迫之苦等等，都能解脫避免。如此大利益，不僅有利於一個人兩個人，而且必然有利於無窮世界的無數之人；不僅利益一天兩天，而且必然世世代代永遠有利。其功德力量之大，真是不可思議。因此本篇所說諸法皆空的道理，可以稱作解脫苦惱法、利益眾生法、功德無量法，可以稱作最高的真理。世人對這些真實義理，如果能夠書寫、誦讀或解說，就能悟入智慧的門庭、遊歷智慧的堂室、安坐於智慧的宴席、飲食智慧的美餐，領會智慧真相的實體。於是靜觀真人就在當時說出以下三首〈智慧頌〉：

智慧起本無，朗朗照十方。結空峙玄霄，諸天挹流芳。
其妙難思議，虛感真實通。有有有非有，無無無不無。

智慧常觀身，學道之所先。渺渺入玄津，自然錄我神。
天尊常擁護，魔王衛寶言。晃晃金剛軀，超超太上仙。

智慧生戒根，真道戒為主。三寶由是興，高仙所崇受。
汎此不死舟，倏忽濟大有。當此說戒時，諸天來稽首。

太上老君內觀經

【題解】

簡稱《內觀經》，撰人不詳。據元人朱象先《終南山說經臺歷代真仙碑記》稱：隋唐時陝西樓觀道士田仕文，於隋開皇七年（西元五八七年）披度為道士，師華陽子（北周道士韋節），「受《內觀》、《定觀》真訣」。可知此經或出於南北朝末，最遲不晚於隋唐之際。唐初道士張萬福撰《傳授三洞經戒法籙略說》，已引述此經。現存經文一卷，有兩種版本。一為《道藏》本，收入《正統道藏》洞神部本文類；二為《雲笈七籤》本，收入該書卷十七。

經文假託為太上老君所說。名曰「內觀」，即以道教的觀點來觀察反思人生的本來面目、真實意義，以及人與自然萬物、超自然神靈的關係。全文十五段，大致可分為七節。第一節為全經總綱。首先歷數人生命形成的過程，指出人身中有諸多與生俱來的神靈存在，心為一身之主，心中所藏「神明」有制御形體和諸神，使人能認識明了事物的功能。然後指出人之禍福皆由心定，生死輪迴之根源在於心神受物欲纏縛染蔽，不能保持清靜自然，所以聖人設法教化眾生，「使內觀己身，澄其心也」。第二節分析物我關係，指出萬物之中，人最為靈，當知自尊自貴，不受物欲污染，守道長生，為善保真。第三節分析人生命精神現象，指出「道」為生命之本，道在人身中則為神明，即人之心。所以修道即是修心，修心即是修道；生亡則道廢，道廢則生亡；生道合一，長生不死；能內觀不遺，則生道長存。第四節再次指出人沉淪於生死煩惱之根源，是因六欲生起六識，六識分別境物而生貪欲邪見。謂得道者生，失道者死，存生守道則長存不亡。第五至七節皆言修心得道要訣。認為道不可以言傳口授而得，人能常清靜其心則道自來居，道以心得，心以道明。修心得道之要在遣除心中欲念，使心虛無明靜。此即全篇旨歸。

一

老君曰：天地媾精❶，陰陽布化，萬物以生，承其宿業❷。分靈道一❸，父母和合，人受其生。始一月為胞，精血凝也❹。二月成胎，形兆胚也❺。三月陽神為三魂，動而生也❻。四月陰靈為七魄，靜鎮形也❼。五月五行分藏，以安神也❽。六月六律定腑，用滋靈也❾。七月七精開竅，通光明也❿。八月八景神具，降真靈也⓫。九月宮室羅布，以定精也⓬。十月炁足，萬象成也。元和哺食，時不停也⓭。太一帝君⓮在頭，曰泥丸君，總眾神也。照生識神⓯，人之魂也。司命⓰處心，納生元也⓱。無英⓲居左，制三魂也。白元⓳居右，拘七魄也。桃孩⓴住臍，深精根也㉑。照諸百節㉒，生百神也。所以周身，神不空也。元炁入鼻，灌泥丸㉓也。所以神明，形固安也。運動住止，關其心也。所以謂生，有由然也。予內觀之，歷歷分也。

心者，禁也，一身之主。心能禁制，使形神不邪也㉔。心則神也，變化不測，故無定形㉕。所以五藏藏五神㉖，魂在肝，魄在肺，精在腎，志在脾，神在心。所以字殊，隨處名也。心者，火也。南方太陽之精主火，上為熒惑㉗，下應心也。色赤，三葉如蓮花，神明依泊，從所名也。其神也，非青〔非白，非赤〕非黃㉘；非大非小，非短非長；非曲非直，非柔非剛；非厚非薄，非圓非方。變化莫測，混合陰陽；大包天地，細入毫芒；制之則正，放之則狂；清淨則生，濁躁則亡。明照八表，暗迷一方。但能虛寂，生道自常。永保無為，其身則昌也㉙。以其無形，莫之能名，禍福吉凶，悉由之矣。所以聖人立君臣，明賞罰，置官僚，制法度，正以教人。人以難伏㉚，唯在於心。心若清淨，則萬禍不生。所以流浪生死，沉淪惡道㉛，皆由心也。妄想憎愛，取捨去來，染著聚結，漸自纏繞，轉轉繫縛，不能解脫，便至滅亡。由如㉜牛馬引重趁泥㉝，轉增陷沒，不能自出，遂至於死。人亦如是㉞。始生之時，神元清靜㉟，湛然無雜。既受納有形，形染六情㊱，眼則貪色，耳則殢聲，口則耽味，鼻則受馨，意隨健羨㊲，身欲肥輕，從此流浪，莫能自悟。聖人慈念，設法教化，使內觀己身，澄其心也。

【校釋】（以《道藏》本為底本，用《雲笈七籤》本參校）

❶媾精 《七籤》本作「構精」。

❷**宿業** 指前世行善或作惡所造的業緣，今世將承受其果報。

❸**分靈道一** 從道體分得靈性。道教認為「道」或「一」是萬物之母，萬物及人類皆分受道之精氣而生。人生而有靈，其靈性得自道體，故曰「分靈道一」。

❹**始一月為胞二句** 謂人受孕第一月，父精母血凝結為胎衣。

❺**二月成胎二句** 謂人受孕第二月，形成胚胎。《七籤》本「成胎」作「為胎」。

❻**三月陽神為三魂二句** 謂人受孕第三月，陽氣化為三魂，而生躁動。陽神，謂陽氣所聚。《大戴禮記・曾子天圓》：「陽之精氣曰神，陰之精氣曰靈。」三魂，道教認為人體內有三位魂神，名胎光、爽靈、幽精（參見《雲笈七籤》卷五十四）。「動而生也」，《七籤》本作「動以生也」。

❼**四月陰靈為七魄二句** 謂人受孕第四月，陰氣聚為七魄，而靜鎮形體。陰靈，謂陰氣所聚。七魄，人體中七位陰靈，名曰尸狗、伏尸、雀陰、吞賊、非毒、除穢、臭肺。（參見《七籤》卷五十四）

❽**五月五行分藏二句** 謂人受孕第五月，五行分別而為五臟，以安定陽神。古人認為人身中五臟分屬於五行（肝木、肺金、心火、腎水、脾土），又稱五臟中藏有五神，治身者當除情去欲，使五神安居。

❾**六月六律定腑二句** 謂人受孕第六月，六律生成六腑，以滋養陰靈。六律，即古代十二音律中的六陽律（黃鐘、太簇、姑洗、蕤賓、夷則、無射）。道教認為人身中六腑（胃、大陽、小腸、三焦、膀胱、膽，一說指五臟及膽）與六律相對應，其中亦藏有神靈，修道者當滋養六腑以安其神。

❿**七月七精開竅二句** 謂人受孕第七月，七精開鑿七竅而通感光明。七精，或指上天七曜（日月及金木水火土五行星）之神精，或指人面首眼、耳、鼻、口七竅之神。

⓫**八月八景神具二句** 謂人受孕第八月，八景之神已具備，真靈降居身中。道教認為人身體上（頭部）、中（胸部）、下（腹部）各有八位神真，稱作三部八景神，或稱二十四神。（參見《七籤》卷三十一）

⓬**九月宮室羅布二句** 謂人受孕第九月，身中形成神真居住的宮室，以安定精神。道教認為人身中遍布宮室，如腦部有九宮，心為絳宮，臍下有黃庭等等。修道者可存思身中之神鎮守宮室，或召天地神精降居身中宮室。

⓭**元和哺食二句** 謂人吸食天地元和之氣，四時不停。元和，元氣。

⓮**太一帝君** 原指上天北極星神。《史記．封禪書》：「天神貴者太一。」索引曰：「天一、太一，北極神之別名。」道書中又稱人身中有太一尊神或太一帝君，居腦部泥丸宮中，總括身

中百神。(參見《上清大洞真經》)

⓯**識神** 原為佛教名詞,早期漢譯佛經(如《陰持入經》)中有此詞,意指冥傳不朽的佛性,是眾生因果輪迴的主體。道書中借用此詞,指稱人身中之魂神。

⓰**司命** 原指上天星神。《史記·天官書》稱斗魁文昌宮第四星曰司命,主災咎;《晉書·天文志》則稱三台星之上台二星為司命,主壽。道書中又稱人身中有司命之神,居於心中絳宮,主定人壽算,修道者存思中央司命君,可祈福保仙。(參見《雲笈七籤》卷四十二)

⓱**納生元也** 《七籤》本作「納心源也」。

⓲**無英** 又名無英公子。道書謂人身中有此神,居於左腋之下肝之後戶,修道者存思此神,可招引真氣入鎮膀胱,制御萬神,保成仙真。(參見《雲笈七籤》卷四十二)

⓳**白元** 又名白元洞陽君。道書謂人身中有此神,居於右腋之下肺之後戶,修道者存思此神,可召真神鎮守死門,解胞結,散滯血,斷除死根,長生升仙。(參見《雲笈七籤》卷四十二)

⓴**桃孩** 道書謂人身中有桃孩君,居臍下命門外,守護生宮命門。修道者存思此神,可招神散禍,深根固精。(參見《雲笈七籤》卷四十二)

㉑**深精根也** 《七籤》本作「保精根也」。精根,即命門,在臍下,為精氣產生之處。

㉒**百節** 人體各部位關節的總稱。道書認為人體百節中皆有神靈居住,修道求長生者當存思百

神。《黃庭經》曰：「至道不煩決存真，泥丸百節皆有神。」又曰：「六腑五藏神體精，皆在心內運天經，晝夜存之自長生。」

㉓泥丸　人首腦神之名。道書稱人首腦中有九宮，各有神靈居住；其中泥丸宮之神名精根，字泥丸，乃九宮真神及面部諸神之主（參見《黃庭內景經》第七章）。道書中又有存思天地諸神元氣入泥丸宮中，散布周身之方術，詳見《雲笈七籤》卷四十二至四十四〈存思部〉。

㉔心能禁制二句　《七籤》本此句作「禁制形神使不邪也」。

㉕故無定形　《七籤》本作「無定形也」。

㉖五藏藏五神　五藏，即五臟。道家認為人體五臟分別藏有五神。《老子河上公注》曰：「神為五藏之神也。肝藏魂，肺藏魄，心藏神，腎藏精，脾藏志。五藏盡傷，則五神去矣。」

㉗熒惑　即火星。按陰陽五行學說，人體五臟與五行、五方、五色、五緯（五星）相應。心屬火，為南方太陽之精，色赤，上應火星。

㉘非青非白二句　此句《道藏》本原作「非青非黃」，從前後文看少四字，今據《七籤》本補。又按上文云心色赤，此處又稱心神「非赤非黃」，於義不合。疑「非赤」二字當作「非玄」。

㉙其身則昌也　《七籤》本「也」字作「世」，連下句「以其無形」，作「世以無形」。

㉚人以難伏　《七籤》本作「人之難伏」。《道德經》第六十五章有曰：「民之難治，以其智多。」

㉛惡道　佛教術語。謂眾生因造三品惡業而在生死輪迴中分別墜入三種惡處，一曰地獄道，二曰餓鬼道，三曰畜生道，合稱為三惡道。

㉜由如　《七籤》本作「猶如」。

㉝趁泥　《七籤》本作「趨泥」。

㉞如是　《七籤》本作「如之」。

㉟神元清淨　《七籤》本作「神源清淨」。

㊱六情　指人之形體感官追逐境物而生的六種情欲。《太上老君虛無自然本起經》曰：「六情者，謂形識知痛癢，欲得細滑。耳聞聲，心樂之；目見色，心欲之；鼻聞香，心逐臭；口得味，心便善；身得細滑衣被，心便利之；得所愛，心便悅之。」道教認為五欲六情乃危害身心本性之根源，故修道者應除情去欲。

㊲意隨健羨　《七籤》本作「意懷健羨」。健羨謂貪欲無厭也。《史記・太史公自序》：「至於大道之要，去健羨，絀聰明，釋此而任術。」《集解》引如淳曰：「知雄守雌，是去健也；不見可欲，使心不亂，是去羨也。」

【語譯】

太上老君說：天地陰陽精氣交合，二氣布化，滋生萬物。萬物之生，承受前世宿業，從道體分得靈性，父精母血融合而孕育人之生命。人受孕第一月，精血凝聚而成胞衣；受孕第二月，形體初顯而成胚胎；受孕第三月，陽神化為三魂而生躁動；受孕第四月，陰靈化作七魄而靜鎮形體；受孕第五月，五行分別而成五臟，以安定陽神；受孕第六月，六律生成六腑，以滋養陰靈；受孕第七月，七精開鑿而成七竅，以通光明；受孕第八月，八景神具備，真靈降居身中；受孕第九月，身中宮室羅布，以安定精神；受孕第十月，身中精氣完足，生命孕育完成。〔人降生之後〕，呼吸天地元和之氣，時刻不停。太一帝君處在人腦中，名曰泥丸君，總統身中百神。神明生出識神，為人之靈魂。司命君在人心宮中，受納生命之源。無英君在人左腋之下，制御三魂。白元君在人右腋之下，拘管七魄。桃孩君居住人臍下，守護命門精根。人身中諸多關節部位，皆能生出神君，所以周身無不有神靈居住。天地元氣從鼻中吸入，灌注人腦部泥丸宮中，使人精神明了，形體安定。人之行動住止，受心神制御。所以稱之為生命，因有心神之故。我內觀反思人之生命，對此了解分明。

人心之功能為禁止，心為一身之主。心能禁制人之形體精神，使形神之行為不致邪妄。心思神妙，變化莫測，無有定形。所以人之五臟分別藏有五神：肝藏魂、肺藏魄、腎藏精、脾藏志、心藏神。五神名字不同，隨其所在之處而定。心在五行之中屬火，南方太陽之精主火，上為火星，下應於心。心色赤，形如三葉蓮花。神明依泊於心，因心而得名。心神之形色，非青非白，非玄非黃，非大非小，非短非長，非曲非直，非柔非剛，非厚非薄，非圓非方。心神之功能，變化莫測，混合陰陽，大包天地，細入毫芒。心制御則形神端正，放縱則形神狂妄。心神清靜則使人生存，心神濁躁則致人死亡。心神光明能照亮八表，心神暗昧則迷惑一方。若能使心神虛寂，則生命之道自然長久；心神永保無為者，其身心自然昌盛。心神無有形體，不能稱呼其名，然而人之禍福吉凶，皆由其心而定。所以聖人建立君臣名位，明確賞罰規則，設置官僚機構，制定法律制度，以正道教化世人。人之難以降伏者，唯在於其心。心若能清淨，則萬禍不生。世人之所以流浪於生死輪迴，沉淪於惡道之中，皆因其用心所致。對境物妄想憎愛，取捨不定，物欲染著聚結心中，使身心漸受纏繞捆縛，不能解脫，以至於滅亡。這就像牛馬牽引重物趨走於泥路，愈陷愈深而不能自拔，直至死亡。世人亦與此相同。初生之時，心神原本清靜，無雜塵沾染。既而受生形體之後，沾染六種情欲，眼貪於色彩，耳滯於聲音，口耽於滋味，鼻嗅於馨香，心意貪念名利，身體欲圖安逸。由此而流浪沉淪，不能自悟。聖人慈悲憐憫眾生，設法教化，使之內觀反思己身，澄清其心。

二

老君曰：諦觀❶此身，從虛無中來，因緣❷運會❸，積精聚炁，乘華❹降神❺，和合受生，法天象地，含陰吐陽，分錯❻五行，以應四時。眼為日月，髮為星辰，眉為華蓋❼，頭為崑崙❽，布列宮闕❾，安置精神。萬物之中，人最為靈❿，性命合道，人當愛之⓫。內觀其身，惟人尊焉⓬，而不自貴，妄染諸塵，不淨臭穢，濁亂形神。孰觀物我，何疎何親？守道長生⓭，為善保真，世愚役役⓮，徒自苦辛也。

【校　釋】

❶**諦觀**　依宗教觀點，沉思人生本來的意義及人與社會、自然的真實關係。

❷**因緣**　佛教術語。指形成事物、引起識見、造成業報等現象的原因和條件。

❸**運會**　指事物和現象產生的時勢和機會。

❹**乘華**　《七籤》本作「乘業」。按「乘華」之義不明，疑當作「乘化」，謂順應自然之變化，乘勢而行。

❺**降神**　指精神降於形體。

❻**分錯**　或作「紛錯」，紛繁錯雜之義。《魏書・陽固傳》：「見眾兆之紛錯，睹變化之無方。」

❼**華蓋**　原指帝王貴族所用的傘蓋，或裝有華貴傘蓋的車乘。道書中借用此詞指眼眉。《黃庭內景經》云：「神蓋童子生紫烟」。梁丘子注曰：「神蓋，謂眉也。童子，目神也。紫煙，即目光氣也。」經文又稱：「眉號華蓋覆明珠」。注曰：「明珠，目也」。可見道書以眉為眼神之

華蓋。

❽**崑崙** 原指西域崑崙山，道書中借用此詞指人之首腦。《黃庭外景經》云：「三關之中精氣深，子欲不死修崑崙。」務成子注曰：「頭為崑崙，道治其中。」

❾**宮闕** 原指帝王居住的宮殿房室，道書稱人身中亦有宮闕，分布於各器官和部位，乃神靈居住之所。

❿**人最為靈** 《七籤》本作「人稱最靈」。

⓫**人當愛之** 《七籤》本作「當保愛之」。

⓬**惟人尊焉** 《七籤》本作「誰尊之焉」。

⓭**長生** 《七籤》本作「全生」。

⓮**役役** 為追求名利而奔走鑽營，勞作不息。《莊子‧齊物論》：「終身役役，而不見其成功。」又曰：「眾人役役，聖人愚鈍」。

【語　譯】

太上老君說：諦觀人之身體，來自虛無之中，因各種條件隨機湊合，精氣聚積，精神順時而降於身，元氣和合而有生命。人之身體效法天地之象，含吐陰陽之氣，與五行交錯，與四時相應。眼睛像日月，頭髮為星辰，眉毛如華蓋，頭頂是崑崙，周身宮室分布，以安置精神。萬物之中，人最有靈性，人之性命與大道相合，應當自愛。內觀自身，可知人最尊貴，而世人卻不知自尊自貴，妄自受塵世污染，身心不淨，形神濁亂。熟觀外物與自身，究竟誰親誰疏？人當守道以求長生，行善而保真性。世間愚人為追求外物而操勞不息，徒然使自身辛苦而已。

三

老君曰：從道受分❶謂之命，自一稟形謂之性，所以任物❷謂之心，心有所憶謂之意，意之所出謂之志，事無不知謂之智，智周萬物謂之慧，動而營身謂之魂，靜而鎮形謂之魄，流行骨肉謂之血，保神養炁謂之精，炁清而駛謂之榮，炁濁而遲謂之衛❸，總括百骸❹

謂之身，萬象備見❺謂之形，塊然有閡❻謂之質，狀貌可則謂之體，大小有分謂之軀，眾思不測謂之神，邈然❼應化謂之靈，氣來入身謂之生，神去於身謂之死，所以通生❽謂之道。道者，有而無形，無而有情，變化不測，通神群生，在人之身則為神明，所謂心也。所以教人修道則修心也，教人修心則修道也❾。道不可見，因生而明之；生不可常，用道以守之。若生亡則道廢，道廢則生亡，生道合一，則長生不死，羽化神仙。人不能長保者，以其不能❿內觀於心故也。內觀不遺，生道長存。

【校釋】

❶受分　《七籤》本作「受生」。

❷**任物** 謂任用事物，與物化相應。

❸**炁清而駛謂之榮二句** 榮、衛，或作「營衛」。中醫術語，指人體氣血循環運行，輸送營養和抗禦外病之功能，《靈樞經・營衛生會》曰：「穀入於胃以傳於肺，五藏六府皆以受氣，其清者為營，濁者為衛，營在脈中，衛在脈外，營周不休。」又《素問・九熱論》曰：「五藏已傷，六府不通，榮衛不行，如是之後三日乃死。」

❹**百骸** 《道藏》本原作「百神」，於義不通，據《七籤》本改。百骸，指人體諸骨節，亦可代指人體，謂之形骸。《莊子・齊物論》：「百骸九竅六藏，賅而存焉，吾誰與為親？」

❺**萬象備見** 謂人體具備天地萬物之形象。萬象，《七籤》本作「眾象」。

❻**塊然有閡** 謂人之體質獨立存在，內容充實而與它物有所分別。閡，通「垓」、「陔」，意為臺階層次，亦指事物之分隔界限。塊然，安然獨處之義。

❼**邈然** 悠遠渺茫，隱然疏忽之貌。《七籤》本作「莫然」。

❽**通生** 通利群生。道家認為，道體雖虛寂無形，但能與萬物眾生相應相通，生長利益眾生。

❾**教人修道則修心也二句** 隋唐道教重玄學家認為道體與眾生心性在本質上等同不異。《三論玄旨》曰：「心等於道，道等於心，即道是心，即心是道，心之於道，一性而然。無然而不然，故妙矣。」《大道論》：「道外無心，心外無道，即心即道也。」道既在眾生心中，故眾

生修道即是修心，修心即是修道。

⑩不能 《七籤》本無「能」字。

【語譯】

太上老君說：人從道體分得的生機稱作命，從自然稟受的形態稱作性，任用萬物的主體稱作心，心中有所想念稱作意，意念發出的趣向稱作志，認識事物的能力稱作智，智能遍及萬物稱作慧，運動遊行而護衛身體的稱作魂，靜處不動而鎮守形體的稱作魄，流動於骨肉之間的稱作血，保養精神元氣的稱作精，元氣輕清而流暢者稱作榮，元氣重濁而遲滯者稱作衛，總括骨骸全體稱作身，人身具備萬物之象稱作形，形象獨處而有實在內容者稱作質，本質有外表相貌可以取法者稱作體，身體有大小可度量者稱作軀，身中難以思量測度的精氣稱作神，精神渺茫無形而能順應物化的功能稱作靈，靈氣來入身中稱作生，精神離身而去稱作死，能使萬物得以生長的母體稱作道。大道有功用而無形象，無具體而有情實，變化莫測，能使萬物生長變化。大道在人身中化作神明，神明即人之心性。所以教人修道即是修心，教人修心即是修道。道無形象可見，只能從人的生命現象去體悟證明。人之生命不可常存，須用道來守護生命。若生命死亡則身中之道廢止，身中之道廢止則生命死亡。若能使生命與道體合一，則可長生不死，羽化而成神仙。世人之所以不能長保生命，是因其不能內觀己心。若能內觀己心而無遺失，可使生命之道長存。

四

老君曰：人所以流浪惡道，沉淪滓穢，緣六情起妄，而生六識❶，六識分別，繫縛憎愛，去來取捨，染著煩惱，與道長隔。所以內觀六識，因起六欲。識從何起？識自欲起；欲從何起？欲自識起❷；妄想顛倒，而生有識。亦曰自然，又名無為，本來虛靜，元無有識。有識分別，起諸邪見❸。邪見既興，盡是煩惱，展轉纏繞❹，流浪生死，永失於道矣。

老君曰：道無生死，而形有生死❺。所以言生死者，屬形不屬道也。形所以生者，由得其道也。形所以死者，由失其道也。人能存生守道，則長存不亡也。

【校釋】

❶六識　原為佛教術語，指人因六根（眼耳鼻舌身意）與境物相接而生起六種識見，即眼識、耳識、鼻識、舌識、身識、意識。道書中亦有六識之說，如《雲笈七籤》卷六十云：「六靈者，眼、耳、鼻、舌、身、意，亦謂之六識。常隨心動念，則識暗，但閉之則寧，用之則成，察之則悟，任之則真。」

❷欲自識起　《七籤》本此上數句作：「所以內觀六識因起，六識從何而起？從心識起，心從我起，我從欲起。」《道藏》本文字亦可通，但末句「欲自識起」，依上下文應作「欲自心起」。

六欲即六情，佛道書中皆有六欲六情起自心念妄動之說。（參見前文「六情」注解）

❸**起諸邪見** 《道藏》本原作「起識邪見」。據《七籤》本改。

❹**纏繞** 《七籤》本作「纏縛」。

❺**形有生死** 此處之「形」字，指一切有形體的萬物眾生，包括人類。

【語譯】

太上老君說：人之所以流浪於惡道之中，沉淪於污穢之地，是因六情生起妄念，進而生出眼、耳、鼻、舌、身、意六種識見，六識分別境物，使身心束縛，憎愛取捨不定，染著物欲，陷入煩惱，與大道隔離。所以內觀六識生起之因緣，在於六種情欲。識從何處而起？識從情欲而起。情欲從何而起？情欲從心而起，心中妄想顛倒而生識見。人之心（即身中之道）亦稱自然，又名無為，原本清虛安靜，無有識見。心中一旦有所意識，分別境物，就會生起諸多邪見。邪見既然興起，就會陷入無數煩惱。煩惱輾轉纏縛，遂使人流浪於生死輪迴，與大道永久相失。

太上老君說：大道無生死，萬物眾生才會有生死。所以說生死只屬於有形的眾生，而不屬於無形的大道。有形之物所以有生命，是因其能得道；有形之物所以有死亡，是因失去身中之道。人若能保存生命，守護身中之道，則可以長生而不死。

五

老君曰：人能常清靜其心❶，則道自來居。道自來居，則神明存身。神明存身，則生不亡也❷。人常欲生而不能虛心，人常惡死而不能保神，亦由欲貴而不用道❸，欲富而不求寶❹，欲速❺而足不行，欲肥而食不飽也。

老君曰：道以心得，心以道明。心明則道降，道降則心通。神明之在身，由火之因巵也❻。明從火起，火自炷發❼，炷因油潤，油籍厄停，四者若廢，明何生焉？亦如明緣神照❽，神託心存，心由形有，形以道全，一物不足，明何依焉？所以謂之神明者，眼見耳聞，意知心覺❾，分別物理，細微悉知，由神以明，故曰神明也。

老君曰：虛心者遣其實也❿，無心者除其有也⓫，定心者令不動也，安心者使不危也，靜心者令不亂也⓬，正心者使不邪也，清心者使不濁也，淨心者使不穢也，此皆以有⓭令使除也。四見者⓮，心直者不反覆也，心平者無高低也，心明者無暗昧⓯也，心通者無窒礙也⓰，此皆本自照者也⓱。粗言數者，餘可思也。

【校釋】

❶人能常清靜其心　《七籤》本此句作「人常能清淨其心」。

❷**生不亡也**　《道藏》本「亡」字原誤作「忘」，據《七籤》本改。

❸**亦由欲貴而不用道**　《七籤》本此句作「亦猶欲貴而不肯用道」。按此處「道」字之義為正確的方法、行為。《論語・里仁》云：「富與貴，是人之所欲也，不以其道得之，不處也。」

❹**不求寶**　《七籤》本作「不肯求寶」。

❺**欲速**　《七籤》本作「欲疾」。

❻**由火之因卮也**　《七籤》本此句作「猶火之在卮」。卮，古代容器之名，用於盛酒，此處指盛燃油的容器，猶如燈碗。

❼**火自炷發**　《七籤》本作「火自炷存」。炷，燈燭之芯。

❽**明緣神照**　人對事物能有所認識明了，以精神為其先決條件。此處之「明」字指神明，即人之精神心理活動的功能，亦即人感覺和認識事物的能力。

❾**意知心覺**　《七籤》本作「意知身覺」。

❿**虛心者遣其實也**　《七籤》本此句作「所以言虛心也，遣其實也」。按此處「實」字之義為情實，即貪圖財貨之欲望。《禮記・表記》：「其君子尊仁畏義，恥費輕實。」注曰：「實，謂財貨也。」虛心遣實，義為遣除心中物欲。

⓫**無心者除其有也**　此處「有」字意指心中所存識見，即前文所謂「有識」。

⑫安心者使不危也二句 《七籤》本無此二句。
⑬以有 《七籤》本作「已有」，當作「己有」。
⑭四見者 《七籤》本無此三字。
⑮無暗昧 《七籤》本作「不暗昧」。
⑯無窒礙也 《七籤》本作「不質礙也」。
⑰此皆本自照者也 《七籤》本作「此皆本自然也」。

【語　譯】

太上老君說：世人若能常使其心保持清虛平靜，則大道自然會來身中居住。大道來身中居住，則有神明保存於身中。神明在身中，則生命不會死亡。世人常想要生命存活而不能虛其心，常厭惡死亡而不能保存身中神明。這就像有人想要權位而不肯用正道謀取，想要財富而不肯尋求寶物，想要快速達到目的而不肯行動，想要身體豐滿而不肯飽食。

太上老君說：道因心而得，心因道而明。心中明白通暢則道降於身，道降於身則心中通暢明了。神明與人身的關係，猶如火光離不開油卮一樣。光明從火而起，火自炷芯發出，炷芯因油脂而滋潤，油脂憑藉容器而得保存。四者（火、炷、油、卮）若有缺廢，則光明從何而生？同樣道理，人之思維明了依賴於精神，精神依託心而存在，心由於形體而存有，形體憑藉道而得保全。四者（神、心、形、道）缺一不可，都是思維之明依存的條件。所以稱之為「神明」者，是因人眼能見、耳能聽、意能知、心能覺，思維能分析事物之道理，對事物有無微不至的透徹認識，這些明了事物的能力都離不開精神，所以稱之為神明。

太上老君說：所謂虛心，就是遣除心中所有的情欲；所謂無心，就是除去心中所有的識見；所謂定心，就是使心不為境物所動搖；所謂安心，就是使心思不涉入危險；所謂靜心，就是使心思不陷入動亂；所謂正心，就是使心思端正不邪；所謂清心，就是使心思輕靈而不濁滯；所謂淨心，就是使心思純淨而不污穢。這些修心的方法，都是要除去心中所有不好的東西。所謂「四見」，是指心思端直而不反側顛倒，心思平等而不分別高低，心思明亮而無暗昧，心思通暢而無障礙。這四條都以自我觀照為根本。修心方法很多，大致列舉以上數條，其餘可依此思考而知。

六

老君曰：知道易，信道難；信道易，行道難；行道易，得道難；得道易，守道難。守而不失，乃常存也❶。

老君曰：道也者，不可言傳口受而得之。常虛心靜神，道自來居❷。愚者不知，勞其形❸，苦其心，役其志，躁其神，而道愈遠，而神愈悲。背道求道，當慎擇焉❹。

【校釋】

❶守而不失二句　《七籤》本作「守道不失，身常存也」。

❷常虛心靜神二句　《七籤》本「常」字作「當」；「居」字作「也」。

❸勞其形　《七籤》本「勞」字前有「乃」字。

❹背道求道二句　《七籤》本作「背道求道，怨道不慈」。

【語譯】

太上老君說：了解道容易，相信道困難；相信道容易，實行道困難；實行道容易，獲取道困難；獲取道容易，堅守道困難。若能堅守道而不失去，可使生命長存。

太上老君說：大道不可以憑言傳口授而得到，如能常使心神保持虛無安靜，則大道自然來身中居住。愚昧之人不知這個道理，而勞動其形體，辛苦其心思，役使其意志，躁動其精神，結果離道愈來愈遠，精神更加悲苦。這是背離大道自然無為的法則而求道，人們應當慎重選擇得道的方法。

七

老君曰：道貴長存，保神固根，精炁不散，純白不分❶，形神合道，飛升崑崙❷。先天以生，後天以存❸，出入無間，不由其門❹，吹陰煦陽，制魄拘魂❺。億歲眷屬，千載子孫，黃塵四起，騎羊真人❻，金堂玉室，送故迎新。

老君曰：內觀之道，靜神定心，亂想不起，邪妄不侵，固身❼及物，閉目思尋，表裏虛寂，神道微深，外藏萬境❽，內察一心。了然明靜，靜亂俱息，念念相系，深根寧極，湛然常住，杳冥❾難測，憂患永消，是非莫識。

老君曰：吾非聖人，學而得之，故我求道，無不受持，千經萬術，惟在心也❿。（以上錄自《正統道藏》洞神部本文類）

【校釋】

❶**純白不分**　《七籤》本「純」字作「淳」。純白，原義指物質未被人為雕琢殘損的本來狀態。《莊子・馬蹄》：「故純樸不殘，孰為犧樽；白玉不毀，孰為圭璋。」純白即純樸（完整的原木）和白玉（未雕琢的玉石）之省稱。道書中以純白喻指人原本純粹無損的精神和心性。保持精神和心性的純白素樸，乃道家修持之重要法則。《莊子・刻意》有云：「純素之道，唯神是守；守而勿失，與神為一；一之精通，合於天倫。……故素也者，謂其無所與雜也；純也者，謂其不虧其神也。能體純素，謂之真人。」

❷**崑崙**　此處指仙境。《山海經》謂西方崑崙山有西王母等神人，道書因而稱崑崙為仙境。

❸**後天以存**　《七籤》本作「後天長存」。

❹**不由其門**　謂神仙來去自由，不必經由門戶路徑。

❺**拘魂**　《七籤》本作「抱魂」。

❻**騎羊真人**　《七籤》本作「騎牛真人」。道家有老子騎青牛出關之傳說。又《神仙傳》有皇初平兄弟牧羊於山中，服松子、茯苓而成仙故事。

❼**固身** 《七籤》本作「周身」。
❽**外藏萬境** 《七籤》本作「外觀萬境」，亦通。藏者，使外在境物隱藏不見之意。
❾**杳冥** 《七籤》本作「窈冥」。
❿**惟在心也** 《七籤》本作「唯在心志也」。

【語譯】

太上老君說：修道以長生為貴，人應當保養精神，固守根本，使身中之元氣不散亂，純樸的本性不被分離污損，精神形體皆與道合一，從而成仙成神，飛升仙境。神仙能長生不死，先於天地之生而生，後於天地之存而存，自由出入於自然虛空之間，不必經由路徑門戶。仙人呼吸陰陽二氣，制御魂魄神靈，千秋萬歲長相廝守，綿延不絕。任憑世間黃塵四起，我自做一個不受沾染的真人，安居於金堂玉室之中，坐觀世事變化，新舊更迭。

太上老君說：修煉內觀的法則，要使精神安靜，心思穩定，使心中亂想不起，不受邪念妄想的侵襲。要使自身及物象穩固不動，然後閉目沉思，外表內裡都空虛寂寞，精神心性微妙玄深。要使外在的萬物境象隱藏不見，而專一觀察自我內心境界，使心境清明寧靜，進而達到心思無動無靜，念想不起，精神幽深寧靜至極，安然常住，難以尋察測度，憂慮得失之念永遠消除，不再有爭辯是非的識見。

太上老君說：我不是先知先覺的聖人，而是學而知之。因此我對道的追求，無不有所傳授。但是由傳授而得來的千種經書萬般法術，還要靠自我悉心體會領悟，才能得道。

太上老君說常清靜妙經

【題解】

簡稱《常清靜經》，撰人不詳。從內容文字看，應晚於《內觀經》，大約出於唐代。據《歷世真仙體道通鑑》卷三十三記載，唐玄宗天寶年間衡岳道士李思慕曾「注《清靜經》行於世」，可知此經在盛唐時已流行。南宋《秘目》及鄭樵《通志・藝文略》均著錄為一卷。現存文本收入《道藏》洞神部本文類。另有歷代道士注釋本八種，亦收入《道藏》洞神部。其中以唐末杜光庭、元李道純注本較為精萃。

經文假託為太上老君所說，全文不足四百字，分作兩節，後附跋文三則。第一節首先指出：大道無形無名而能生育天地萬物，道有清濁、動靜之分別，清靜為天地萬物之根本，「人能常清靜，天地悉皆歸」。經文隨即分析人身心不能常保清靜的原因，是受情欲擾亂牽累，能澄心遣欲則心神自然清靜。澄心遣欲的要訣是以「空無」觀想身心境物，既要遣除以物我為實有的俗見，又要遣除執持「空無」的誤解，「觀空亦空」，「無無亦無」。使自心既不滯於有，又不滯於無；既不執著於境物，又能與物常應，此之謂常清靜。能達到如此境界者，方可悟入真道而得道，但所謂得道者亦只是假名，其實「無所得」。經文第二節簡要分析世人不能得道的根源是有「妄心」，指出能覺悟真道者可使身心「常清靜矣」。全篇旨義既以老莊虛靜無為思想為本，亦吸取佛教大乘空、有二宗義理，文字簡練優美，為同類道經之最精萃者。此經對後世道教影響甚大，全真道規定以誦習此經為道士日常必修功課。

一

老君曰：大道無形，生育天地；大道無情，運行日月；大道無名，長養萬物。吾不知其名，強名曰道❶。夫道者，有清有濁，有動有靜。天清地濁，天動地靜；男清女濁，男動女靜。降本流末，而生萬物。清者濁之源，動者靜之基❷。人能常清靜，天地悉皆歸❸。

夫人神好清而心擾之❹，人心好靜而欲牽之。常能遣其欲而心自靜，澄其心而神自清。自然六欲❺不生，三毒❻消滅。所以不能者，為心未澄，欲未遣也。能遣之者，內觀於心❼，心無其心；外觀於形，形無其形；遠觀於物，物無其物；三者既悟，唯見於空。觀空以空❽，空無所空。所空既無，無無亦無❾。無無既無，湛然常寂。寂無所寂，欲豈能生；欲既不生，即是真靜❿。真靜應物⓫，真常得性。常應常靜，常清靜矣。如此清靜，漸入真道。既入真道，名為得道。雖名得道，實無所得⓬。為化眾生，名為得道。能悟之者，可傳聖道。

【校釋】（以《道藏》白文本為底本，用李道純注本參校）

❶**強名曰道** 此上數句為經文首章，言大道無形無名，而能生長天地萬物。其說出自老子《道德經》第一章：「道可道，非常道；名可名，非常名。無名，天地之始；有名，萬物之母。」及《道德經》第二十五章：「有物混成，先天地生，寂兮寥兮，獨立而不改，周行而不殆，可以為天下母。吾不知其名，字之曰道，強為之名曰大。」又經文稱「大道無形」者，是說大道無固定可見之形象；稱「大道無情」者，是說大道對於萬物無有好惡之心，偏愛之情；稱「大道無名」者，是說大道沒有可用言語指稱的名字。此三者皆似無而非無，是有而非有也。故道是「常無」（無形無情無名），又是「常有」（有生長變化之用）。《道德經》曰：「故常無，欲以觀其妙；常有，欲以觀其徼。此兩者同出而異名。同謂之玄。玄之又玄，眾妙之門。」

❷**動者靜之基** 《清靜心經》此句作「靜者動之基」。從上下文看，作「靜者動之基」更符合道

家哲學。

❸**天地悉皆歸**　此上數句為經文次章，言道雖無形無名，但其化生的天地萬物和人類卻有清濁、動靜之分。清輕而動者屬陽，於人為男；重濁而靜者屬陰，於人為女。清靜為天地之源本，人能常清靜，則可與天地歸一。此說出自漢代黃老家宇宙生成論。《淮南子・天文訓》有云：「道始於虛霩，虛霩生宇宙，宇宙生元氣，元氣有涯垠，輕陽者薄靡而為天，重濁者凝滯而為地……天地之襲精為陰陽，陰陽之專精為四時，四時之散精為萬物。」《常清靜經》對此理論有所發展，明確提出了「清靜」為天地萬物及人性之本。此即《道德經》第四十五章所說：「躁則寒，靜則熱，清靜為天下正」之意也。

李道純注曰：鴻濛未判，動靜之理已有；清濁既分，動靜之機始發。清而升者曰天，濁而降者曰地。天地一闔闢一陰陽，互動互靜，機緘不已，四時成焉，百物生焉。天地之性人為貴，人於物之最靈。男法天，女法地。男清女濁，即天地升降也；男動女靜，即天地闔闢也。天地絪縕，萬物化生，降本流末，生生化化而無有休息。太上始言無形無情，謂無名天地之始；次言有動有靜，謂有名萬物之母也。若復有人知此兩者同出而異名，則知清濁本一，動靜不二，流雖濁而其源常清，用雖動而其體常靜。清靜久久，神與道俱與天地為一。

❹**夫人神好清而心擾之**　此處之「心」字指邪妄欲得之心念。《老子河上公注》曰：「人所以

生者，以有精神。精神托空虛，喜清靜，若飲食不節，忽道念色，邪僻滿腹，為伐本厭神也。」

❺**六欲** 六種情欲，詳見前《內觀經》注文。

❻**三毒** 原為佛教術語，指三種毒害眾生的根本煩惱，即貪欲、嗔恚、愚痴。道書中亦常用此詞，《道典論》引《元始智慧正觀解脫經》曰：「言煩惱者，總名三毒，謂貪、嗔、痴，能害眾生法身命，故名之為毒。」

❼**內觀於心** 此句「於」字與下文「外觀於形」、「遠觀於物」二「於」字，李道純注本均作「其」。

❽**觀空以空** 李道純注本作「觀空亦空」。按「觀空亦空」原係佛教大乘空宗義理，謂世間一切事物和現象（一切法）皆虛假不實，應作空觀；然而以諸法為「空」的觀念亦是假名而不可定執，假名亦空，是為空空。《大智度論》卷四十六曰：「何等為空空，一切法空，是空亦空，非常非滅故……是名空空。」隋唐道教重玄學者亦以老莊學說融攝佛學空觀，認為不僅諸法及人之身心皆空寂虛無，而且空的見識（觀空）亦是空，是不應執著的假名。學道者應先遣除和忘卻執著物我實有的觀念，進而將拘執「空無」的心念也遣除和忘卻，既不滯於有，又不滯於無，並且不滯於不滯，如此方可悟入有無雙遣的重玄境界。隋代道書《海空智藏經》云：「三界皆空，三世亦空；知三世空，我身亦空；知我身空，諸法亦空；以法空故，故名海空。」又曰：「海空之相，唯空與空，乃能了空；了空之空，不空而空，不了而了。」其

說與《清靜經》近似。

❾**無無亦無** 隋唐道教學者吸取佛教大乘有宗義理，認為對道及萬物的認識存在諸多誤見。其一為斷見，認為「萬物今雖見有，必歸於無，當知一切盡虛無，非有實事」；其二為狹見，認為世間萬物原來無有，而今有之，「有何緣生？必因於無，則知無中皆悉有有，從有有當知一切無無」；其三為惑見，認為「即世眾生悉皆非有，亦復非無。所以爾者，若言有者則終歸無，若言無者今則見有，若必爾者則為不定」（參見《海空經》卷一）。這三種認為一切皆無或有無不定的見解，在徹底否認萬物實有的前提下，都可能得出否認宗教修持和因果報應真實存在的結論，違背宗教勸善懲惡的本義，動搖世人修道而能得道的信心。因此道家認為道既非無有，亦非無無，而是有與無對立統一的妙有或妙無。此妙有妙無即道性或法相。《海空經》曰：「何謂妙無，即是道性。以何因緣？道性之理，自為妙無，以淵寂故，以應感故。若以住於淵寂之地觀於諸有，則見無相；若以住於應感之地觀於諸有，則見有相。善男子！若言道性全為無有，中有感應；若言道性全為有者，而實寂泊。以是當知，道性之有非世間有，道性之無非世間無。是謂妙無。」這就是說：從道體虛寂清靜來看，道性是無；從道能應感萬物來看，道性是有。道性之有與無，既非世間所謂的有（實有），亦非世間所謂的無（無無）。《清靜經》所謂「無無亦無」，即出自隋唐道家重玄哲學。

隋唐道家還認為萬物眾生亦有道性，即清靜虛寂之心性，眾生之性原本與道性不二，是眾生能夠修道而得道的根據。從本源來看，道與眾生非一，故眾生須修道才能得道；從本性來看，道與眾生無二，故眾生能修道而得道。唐道士王玄覽《玄珠錄》曰：「明知道中有眾生，眾生中有道。所以眾生非是道，能修而得道；所以道非是眾生，能應眾生修。是故即道是眾生，即眾生是道。」此說亦為《清靜經》所本。

❿**真靜**　指心境在修煉中達到虛寂至極的狀態，此時心中全無欲念，空明澄淨，能與道體和物化相應相感而通合為一。真靜非世俗所謂全然不動也。李道純注曰：「所謂真靜，非不動也。若以不動為靜，則是有定體也。有定體則不足以應變。所以真常應物，真常得性者，動而應物，而真體不動也。作如是見者，常應常靜，常清靜矣。」

⓫**真靜應物**　李道純注本作「真常應物」。

⓬**雖名得道二句**　佛教大乘《般若經》列舉諸空觀，提到「無所猗空」（或作「不可得空」、「無所得空」），謂世俗認識於諸法無所得，故空。隋唐道教學者也認為道體無形無象，不可以名言求取，故所謂「得道」亦是假名，實際並無所得。聖人之所以強言「得道」者，只是為了教化眾生的方便而有此說法。

【語譯】

太上老君說：大道沒有形體，卻能生育天地；大道沒有私情，卻能使日月運行；大道沒有名稱，卻能使萬物生長。我不知它的名字，只能勉強稱之為「道」。大道有清與濁、動與靜兩種屬性。天是清，地是濁；天是動，地是靜。男屬清，女屬濁；男屬動，女屬靜。大道的本源降為末流，而生成萬物。清輕是重濁的根源，運動是寂靜的基本（按此句應改作「寂靜是運動的基本」）。人能常使自身清靜，則可與天地同歸合一。

人之精神喜好清虛，然而受到私心邪念的擾亂；人的心靈喜好寧靜，然而受到情感欲望的牽累。若能經常遣除其情欲，則心靈自然寧靜；若能澄清其心念，則精神自然清虛。如此則自然能使情欲不生，消滅貪、嗔、痴三毒。世人之所以不能如此者，是因心念未澄清，情欲未遣除之故。能遣除邪念情欲之人，內觀於心而不見自己之心，外觀於身而不見有我之身，遠觀於物而不見有形之物。對此三者既有所覺悟，則不見其有而唯見於空。進而觀察空亦是空，覺悟「所空」（空無的心念或境界）也是虛假空無，不應執著。既然空無的心境也是無，所以「無無」（斷定一切皆無的見解）也是虛假不實，應當遣除。既已遣除了無無的見解，心神自然達到寂靜虛豁的真常境界。心境既達到虛寂之極，則情欲無從生起。情欲既然不生，即是真常寂靜之境界。使自我的真心在真常寂靜中與物化相應，復歸本性，常能應物而不累於物，是之謂常清靜。心境如此清靜，便可漸漸與真道契合。既已契入真道，即可稱之為得道。然而雖說得道，但道是虛無，所謂得道實際並無所得。只是聖人為方便教化眾生，才稱之為得道。眾生中能有此覺悟者，方可傳之以聖人之道。

二

老君曰：上士無爭，下士好爭❶；上德不德，下德執德❷。執著之者，不名道德。眾生所以不得真道者，為有妄心。既有妄心，即驚其神。既驚其神，即著萬物。既著萬物，即生貪求。既生貪求，即是煩惱。煩惱妄想，憂苦身心，便遭濁辱，流浪生死，常沉苦海，永失真道。真常之道，悟者自得。得悟道者，常清靜矣。

原經後跋：

仙人葛仙翁曰：吾得真道，曾誦此經萬遍。此經是天人所習，不傳下士。吾昔受之於東華帝君，東華帝君受之於金闕帝君，金闕帝君受之於西王母。西王母皆口口相傳，不記文字，吾今於世書而錄之。上士悟之，昇為天官；中士得之，南宮列仙；下士修之，在世長年，游行三界，昇入金門。

左玄真人曰：學道之士，持誦此經者，即得十天善神擁護其人，然後玉符保神，金液鍊形，形神俱妙，與道合真。

正一真人曰：人家有此經，悟解之者，災障不干，眾聖護門，神升上界，朝拜高尊，功滿德就，相感帝君，誦持不退，身騰紫雲。（錄自《正統道藏》洞神部本文類）

【校釋】

❶**上士無爭二句**　上士謂有道之士，下士即世俗之士。無爭者，《道德經》曰：「天之道，不爭而善勝。」（第七十三章）又曰：「善為士者不武，善戰者不怒，善勝者不與，善用人者為下，是謂不爭之德。」（第六十八章）又曰：「是以聖人處上而民不重，處前而民不害，是以天下樂推而不厭。以其不爭，故天下莫能與之爭。」（第六十六章）此皆言有道之士謙下而不爭強

好勝也。李道純注曰：「上士晦德，以謙自牧，不自見是，不自矜伐，夫惟不爭，故天下莫能與之爭。」

❷**上德不德二句** 謂聖人雖有大德於人，但不自炫耀而執持其德也。世俗之士反是，好自持其微功末德，唯恐無人知曉，其實非真有德行者。《道德經》第三十八章曰：「上德不德，是以有德；下德不失德，是以無德。」

【語譯】

太上老君說：有道之士不與人爭競，無道之人喜好爭強逐勝。聖人有德而不自誇其德，俗士稍有成功就矜持炫耀。喜好執持微功末德之人，其實不知何為真正的道德。世間眾生之所以不能得到真常之道，是因心存追逐名利的妄想。心中既有妄想，就會驚動其精神。精神既受驚動，就會執著於外物。既執著於外物，就會貪戀追求而不知止足。既然貪求外物而不知足，就會生出無限煩惱。煩惱和妄想使人身心憂慮痛苦，遭受污穢辱沒，常流浪於生死輪迴道上，沉淪於無邊苦海之中，與真常之道永遠違失。

真常之道無所不在，唯有覺悟者自然能得。能覺悟而得道之人，才能保持身心常清常靜。

太上老君清靜心經

【題解】

簡稱《清靜心經》，撰人不詳。從內容文字看，與《常清靜經》大致相同，大約亦出於唐代。現存文本收入《道藏》太清部，另有《雲笈七籤》本，收入該書卷十七。兩本一字不差。經文前半篇旨義同於《常清靜經》，文字稍有省略改變，二者可以對看。後半篇對人能否「得道」的問題，作出既可得又不可得的解釋。篇末較《常清靜經》多出一首偈文和勸人持誦經書的一段文字。

一

老君曰：夫道一清一濁，一靜一動；清靜為本，濁動為末。故陽清陰濁，陽動陰靜；男清女濁，男動女靜。降本流末，而生萬物。清者濁之源，靜者動之基[1]。人能清靜，天下貴之。人神好清，而心擾之；人心好靜，而欲牽之。常能遣其欲而心自靜，澄其心而神自清，自然六欲不生，三毒消滅。而不能者，心未澄、欲未遣故也。能遣之者，內觀於心，心無其心；外觀於形，形無其形；遠觀於物，物無其物。三者莫得，唯見於空。觀空亦空，空無所空；既無其無，無無亦無。湛然常寂，寂無其寂；無寂寂無，俱了無矣，欲安能生？欲既不生，心自靜矣。心既自靜，神即無擾。神既無擾，常清靜矣。

既常清靜，及會其道❷。與真道會，名為得道。雖名得道，實無所得。既無所得，強名為得，為化眾生，開方便道❸。

【校釋】

❶**靜者動之基**　《常清靜經》相應之文作「動者靜之基」，義正相反。從前後文看，作「靜者動之基」更符合道家思想。

❷**及會其道**　謂人心神清靜，乃可與道會通。及，應作「乃」。會，通也。

❸**開方便道**　即開啟方便法門。方便，原係梵文 Upāya（音譯「漚和」）的意譯，或譯「善權」。為佛教大乘般若學術語，意指為宣傳佛教義理，度脫眾生而使用的各種權宜方法。如大乘般若學主張萬法皆空，但為方便度脫眾生，又反對「證空入滅」，要求「觀空而不證空」。用大眾易於理解的方便說法引導眾生覺悟佛教真義，是為方便法門。《法華文句》卷三云：「又方便者，門也。門名能通，通於所通，方便權略，皆是導引，為真實作門。真實得顯，功由方便。」道教亦吸取此說宣傳其教義。如經文稱得道者「實無所得」，不易為眾生理解，可能導

致眾生因誤以為道不能得而放棄修道。聖人為便於引導眾生修道，故說得道者能夠有所「得」。此方便說法雖不盡符合「道是虛無」的真實含義，但有助於對大眾宣傳教義，符合道教勸善度人的根本宗旨，故允許有此權變。

【語　譯】

太上老君說：大道有清與濁、靜與動兩種屬性。清靜是根本，濁動是末流。所以陽是清，陰是濁；陽是動，陰是靜。男屬清，女屬濁；男屬動，女屬靜。大道的本源降為末流，而生成萬物。其輕清者是重濁的根源，寂靜者是運動的基本。人能常使自身清靜，則能為天下所尊貴。人之精神喜好清虛，然而受到私心邪念的擾亂；人的心靈喜好寧靜，然而受到情慾欲望的牽累。若能經常遣除其情欲，則心靈自然寧靜；若能澄清其心念，則精神自然清虛。如此則自然能使情欲不生，消滅貪、嗔、痴三毒。世人之所以不能如此者，是因心念未澄清，情欲未遣除之故。能遣除邪念情欲之人，內觀於心而不見自己之心，外觀於身而不見有我之身，遠觀於物而不見有形之物。對此三者既無有得見，則唯見於空無。進而觀察空亦是空，覺悟「所空」（空無的心念或境界）也是虛假空無，不應執著。既然空無的心境也是無，所以「無無」（斷定一切皆無的見解）也是虛假不實，應當遣除，如此則心神自然達到寂靜虛豁的真常境界。心境既達到虛寂之極，對空無虛寂皆了然覺悟，則情欲怎能生起？情欲既然不生，則心境自然清靜。心境既已清靜，則精神不再受情欲擾動。精神既不受擾動，是之謂常清靜。心神既已常清靜，便可與真道契合會通。心神與真道會通，即可稱之為得道。然而道是虛無，所謂得道實際並無所得。無所得而勉強稱之為「得」，這是聖人為便於教化眾生而用的權宜說法。

二

老君曰：道所以能得者，其在自心。自心得道，道不使得。得是自得之，道不名為得。故言實無所得。

老君曰：道不能得者，為見有心。既見有心，則見有身。既見其身，則見萬物。既見萬物，則生貪著。既生貪著，則生煩惱。既生煩惱，則生妄想。妄想既生，觸情迷惑，便歸濁海，流浪生死，受地獄苦，永與道隔。人常清靜，則自得道。於是而說偈[1]曰：

天尊妙用常眼前，舉體動心皆自然。
息箇動心看動處，動處分明無際邊。
邊際由來本性空，非觀心照得虛空。
自悟因緣無自性，倏然直入紫微宮。
宮中宮外光且明，萬法圓中一道平。
清心清鏡皎無礙，無礙無心心自在。
平等道平無有異，天堂地獄誰安置？

神既內寂不虧盈，善惡若空何處生？
只為凡夫生異見，強於地上起縱橫。
縱橫遮莫千般苦，一一諦觀無宰主。
諦觀無主本無宗，只箇因緣即會中。
中間雖會常無會，放會無為任物通。

若時有人知是經意，行住坐臥，若能志心念誦，深心受持，則能滅除無量一切宿障諸惡❷，冤家皆得和合，無受苦報，邪魔外道，道能降伏。告諸眾生，欲度厄難，各己清淨，信受奉行。（錄自《道藏》太清部）

【校釋】

❶偈　梵文偈陀（Gāthā）的簡稱，或意譯作「頌」。原指佛經中的贊頌詞，漢譯佛經中多為每句三至七言的韻文。南北朝隋唐道經中亦多有偈頌，一般附在經文末尾處，概述經義或贊頌神靈，句數多少不等。

❷宿障諸惡　往世所造的業障和諸種惡行。

【語譯】

太上老君說：真道之所以能為眾生所得，全在於眾生自己的心願。是自心想要得道，而不是真道有意要使人得道。得道是指自我對真道有所覺悟領會，而道是虛無，不可以名言求取得到。所以說「得道」只是權宜方便的假說，實際上並無所得。

太上老君說：眾生之所以不能得道，是因有人會誤認為道是實有之物，而生出據為己有的心念。一旦有了這樣的心念，就會生出以自我之身為實有的見識。既然有了以自身為實有的見識，又會生出將世間萬物視為實有的見解。一旦將萬物視為實有，就會產生執著貪求外物的欲念。貪求外物的欲念一旦產生，就會生出無限煩惱。煩惱既生，又會生出追名逐利的妄想。心中既有妄想，就會被情欲迷惑，沉淪於苦海濁流，流浪於生死輪迴，遭受地獄之苦，與真常之道永遠隔離。所以世人常使自心清靜，自然就會得道，而不應以有得之心求道。於是太上老君說出如下偈文：

天尊妙用常眼前，舉體動心皆自然。息箇動心看動處，動處分明無際邊。
邊際由來本性空，非觀心照得虛空。自悟因緣無自性，倏然直入紫微宮。
宮中宮外光且明，萬法圓中一道平。清心清鏡皎無礙，無礙無心心自在。
平等道平無有異，天堂地獄誰安置？神既內寂不虧盈，善惡若空何處生？
只為凡夫生異見，強於地上起縱橫。縱橫遮莫千般苦，一一諦觀無宰主。
諦觀無主本無宗，只箇因緣即會中。中間雖會常無會，放會無為任物通。

假若當今之世，有人知曉本篇經文的旨意，在日常起居和行動中都能夠專心念誦經文，真心實意地接受和修持經書的教義，那麼他就能消除往世所有的一切業障和罪惡，與所有的冤家仇人都得和解，不受苦難報應，凡有邪魔外道的侵襲，大道都能為他降伏。請轉告眾生，要想度脫厄運災難，應各自使身心清靜無染，信奉修行經文。

太上老君說了心經

【題解】

簡稱《了心經》，撰人不詳。從其內容文字看，與《內觀經》、《常清靜經》等相近，乃內觀修心之口訣，大約出自南北朝末或隋唐之際。經文收入《道藏》洞神部本文類，無其它版本。經名「了心」，即通過沉思修持而覺悟自我真心本性，其要訣為使自心空虛清靜，不存成見，不動妄念，了無執著，則真心自現。

〔老君曰〕❶：若夫修道，先觀其心。心為神主，動靜從心。心動無靜，不動了真。心為禍本，心為道宗❷。不動不靜，無想無存。無心無動，有動從心。了心真性，了性真心。心無所住，住無所心。了無執住❸，無執轉真。空無空處，空處了真。

老君曰：吾從無量劫❹來，觀心得道，乃至虛無，有何所得？為諸眾生，強名得道。

老君曰：吾觀眾生，不了其心，徒勞浩劫，虛役其神，於心無了，永劫沉淪。依吾聖教，逍遙抱真。（錄自《正統道藏》洞神部本文類）

【校釋】

❶老君曰　原本無此三字，據後文補。

❷**心為道宗** 宗者，主也。道書稱心即是道，道在人身為心。心神為一身之主，故曰「心為道宗」。

❸**執住** 固執某種識見而使心有所停住，不能隨時自由變化。佛道二教皆主張破除心中執見。

❹**無量劫** 劫為梵文Kalpa的音譯「劫波」之簡稱，意為極其久遠時節。無量劫即無數之劫，或稱浩劫。原係佛教術語，據說世界要經歷無數劫，天地每經歷一次成住壞空的過程稱作一劫，劫末有大火出現，燒毀一切，然後重新開始創造世界。道書中亦常借用此詞指稱極為久遠的時間，或引申而指巨大的災禍。

【語譯】

太上老君說：若要修道，先內觀自心。心為精神之主，精神之動靜皆從於心。心動則精神不得安靜，心念不動才能了悟人的真實本性。心中的妄想邪念是人生災禍的根源，不動的真心又是人能得道的主要根據。要使自心既不妄動又不定住，心中既無妄想亦不存成見。心中空虛不動，凡有所活動皆從屬於心。了悟自心的真實本性，了悟自我本來的真心。要使自心不停住於固定的處所，對自身所在的處境不動心念。不固執任何知識成見，才能使自心轉向真實。要使自心空虛達到極至，在空虛之中了悟真心。

太上老君說：我從無限久遠的時節中來，內觀自心而得道，以至於虛無之境。然而雖說是得道，實際並無所得。只是為了教化芸芸眾生修道，而勉強稱之為得道。

太上老君說：我觀察世間眾生，不能了悟自我真心，徒然勞動於浩劫之中，毫無意義地役使其精神，對自心無所了悟，永遠沉淪而不得解脫。只有依順我的教化，才能逍遙自在而抱守真心本性。

洞玄靈寶定觀經❶

【題解】

簡稱《定觀經》，撰人不詳。據元人朱象先《終南山說經臺歷代真仙碑記》稱：隋唐時陝西樓觀道士田仕文，於開皇七年（西元五八七年）披度為道士，師華陽子（北周道士韋節），「受《內觀》、《定觀》真訣」。可知此經或許出於南北朝末，最遲不晚於隋唐之際。現存文本有《道藏》洞玄部玉訣類所收《洞玄靈寶定觀經注》、《雲笈七籤》卷十七所收《洞玄靈寶定觀經》。兩本都有注解，文字相同，唯《七籤》本缺少篇末一段跋文。這段跋文標明為「龍集壬申三月初吉，冷虛子稽首謹識」。冷虛子的生平事跡不詳，可能是唐代道士。唐末道士衡岳真子撰《玄珠心鏡注》、杜光庭《道德真經廣聖義》卷十九，均引述《定觀經》。由此可知，現存的《定觀經》注本，大約出於唐代，注家當即冷虛子。

經文假託天尊告訴左玄真人，講述修持定心觀慧的要訣。大致可分為兩節。第一節講修心的法則。強調修心悟道應從斷絕欲念入手，收心斷念應漸修漸進，不可急於求成。使內心清靜，精神凝聚，則自然生成智慧，得道證真。第二節講修道證真的品級階次，分為「七候」。兩節經文都與《太上洞玄靈寶觀妙經》大致相同，唯文字互有詳略，可彼此參照閱讀。原經的注文主要講「定慧等修」、「寂照齊融」的修持法則，與經文原意不盡符合。今一併錄入校釋中，以便讀者參考。

一

天尊告左玄真人曰❷：夫欲修道，先能捨事❸，外事都絕，無與忤心❹，然後安坐，內觀心起。若覺一念起，須除滅，務令安靜❺；

其次雖非的有貪著，浮游亂想，亦盡滅除⑥。晝夜勤行，須臾不替⑦。唯滅動心，不滅照心⑧；但凝空心，不凝住心⑨；不依一法，而心常住⑩。然則凡心躁競其次，初學息心甚難。或息不得，暫停還失⑪，去留交戰，百體流行⑫，久久精思，方乃調熟。勿以暫收不得，遂廢千生之業⑬。少得靜已⑭，則於行立坐臥之時⑮，涉事之處，諠鬧之所⑯，皆作意安⑰。有事無事，常若無心；處靜處諠，其志惟一⑱。若束心太急，又則成病，氣發狂顛，是其候也⑲。心若不動，又須放任，寬急得所，自恆調適⑳。制而不著，放而不動，處諠無惡，涉事無惱者，此是真定㉑。不以涉事無惱，故求多事；不以處諠無惡，強來就諠㉒。以無事為真宅，有事為應跡㉓。若水鏡之為鑒，則隨物而現形㉔。善巧方便，唯能入定㉕，慧發遲速，則不由人。勿令定中急急求慧，急則傷性，傷則無慧㉖。若定不求慧，而慧自生，此名真慧㉗。慧而不用，實智若愚㉘，益資定慧，雙美無極㉙。若定中念想，多感眾邪，妖精百魅，隨心應見㉚，所見天尊諸仙真人，是其祥也㉛。唯令定心之上，豁然無覆；定心之下，曠然無基㉜；舊業日銷，新業不造㉝，無所罣礙，迥脫塵籠㉞。行而久之，自然得道㉟。

【校釋】（以《道藏》注本為底本，用《雲笈七籤》本參校）

❶洞玄靈寶定觀經　原經題注曰：「靈者神也，在天曰靈；寶者珍也，在地曰寶。天有靈化，神用不測，則廣覆無邊；地有眾寶，濟養群品，則厚載萬物。言此經如天如地，能覆能載，有靈有寶，功德無窮，證得此心，故名靈寶。定者心定也，如地不動；觀者慧觀也，如天常照。定體無念，慧照無邊，定慧等修，故名定觀。」

案：原注以「定心」、「慧觀」解釋經題，並稱「定慧等修，故名定觀」。此說源於佛教所謂「止觀雙修」。止即禪定（梵文Śamatha）之義，觀即智慧（梵文Vipaśyanā）之義，二者皆為佛教修習方法。《維摩詰經》卷五僧肇注曰：「繫心於緣謂之止，分別深達謂之觀。」可知「止」即收心定念，忘緣離境，使內心虛寂清靜的工夫；「觀」則是用宗教智慧觀察和分析事物，達到覺悟真如實相的工夫。佛教天台宗提倡以「止觀雙修」為修習之要訣。《修習止觀坐禪法要》曰：「若夫泥洹（涅槃）之法，入則多途，論其急要，不出止觀二法。」禪宗以「體用」關係解釋止觀。《壇經・定慧品》說：「我此法門，以定慧為本。」「定是慧之體，慧是定之用。」要求修習者「定慧等學」。本篇經文題注稱：「定體無念，慧照無邊，定慧等修，故名定觀」云云，顯然受唐代佛學止觀雙修方法論的影響。

❷**天尊告左玄真人曰**　原注：「左者，定也。玄者，深妙也。真者，純也，一而無雜。人者，通理達性之人也。曰者，語辭也。」

案：左玄真人為道教神仙名號，見於南北朝隋唐道書中。本篇經文即假託元始天尊告訴左玄真人，《常清靜經》後跋亦有左玄真人之語。原注對左玄真人名號的解釋過於穿鑿。

❸**夫欲修道二句**　原注：「進趣之心，名為修道。一切無染，名為捨事。」

❹**外事都絕二句**　原注：「六塵為外事，須遠離也。六塵者，色、聲、香、味、觸、法。更不染著，名為都絕。境不來忤，心即無惱；心不起染，境則無煩。心境兩忘，即無煩惱，故名

無與忤心。」

案：六塵，指蒙蔽世人真心本性的六種塵緣或欲念。《上清道寶經》卷三：「色、聲、香、味、觸、法，共為六塵。」《皇經集注》卷三：「眼、耳、鼻、舌、身、意，六根不淨，謂之六塵。」經文言「外事都絕，無與忤心」，即捨棄對外在境物的貪戀追求，使心不為六塵染蔽。（參見《觀妙經》校釋）

❺**然後安坐五句**　原注：「攝澄煩惱，名之為安。本心不起，名之為坐。慧心內照，名曰內觀。漏念未除，名為心起。前念忽起，後覺則隨，起心既滅，覺照亦忘，故稱除滅。了心不起，名之為安；覺性不動，名之為靜，故稱安靜。」

案：此數句經文言靜坐內觀，澄心斷念之法。可參見《觀妙經》注。

❻**其次雖非的有貪著三句**　原注：「眾心不起，妄念悉忘，亂想不生，何有貪著，故曰滅除。」

案：經文言修習者不僅要去除貪戀境物之念，而且對心中的一切幻覺妄想都要除去。浮游亂想者，指心神執著於分別善惡、淨穢之惑見，不得靜定也。司馬承禎《坐忘論》曰：「若唯斷善惡，心無指歸，肆意浮游，待自定者，徒自誤耳。」對治的方法，應除去心中一切執著念想，有無雙遣，垢淨兩忘。

❼**晝夜勤行二句**　原注：「晝之言淨，夜之言垢，垢淨兩忘，無有間替，故名不替。」

❽**唯滅動心二句**　原注：「妄想分別，名曰動心，覺照祛之，故名為滅。慧照常明，無有間〔替〕，故名不滅照心。」

案：動心指受六塵染蔽，欲念妄動之心；照心指未受俗塵染蔽，自然清靜的真心。李道純《中和集》曰：「古云常滅妄心，不滅照心，一切不動之心皆照心也，一切不止之心皆妄心也。」世人之心有動有靜，妄心與照心同處一體。修道者只可滅其欲動之心，則真心本性自然顯現，不可將清靜真心亦泯滅矣。《坐忘論》曰：「今則息亂而不滅照，守靜而不著空，行之有常，自得真見。」

❾**但凝空心二句**　原注：「不起一切心，名空心。一切無著，名之不凝住心。」

案：空心者，一無所有之清靜心也；住心者，有所執著之心也；凝者，使心神凝聚而不散亂也。但凝空心不凝住心者，謂使心無所住，得性而遺形也。參見《觀妙經》校釋。

❿**不依一法二句**　原注：「若取一法，即名著相。心不取法，名為不依。照而常寂，故為常住。」

案：經文所謂「不依一法」之法，是指色法、心法，即一切客觀現象和主觀想像。按照大乘佛教和道教重玄理論，世間一切法皆虛假不實，不可執著當真。如果以虛妄之心分別諸法，將某一客觀現象或主觀想法當作真實獨立的存在，則是「著相」的謬見。因此修道者應「不依一法」，既不執著外境，亦不執著內想，使心無所住，才是「常住」。常住者，指心神空寂至極，徹底解脫一切執著沉滯的狀態。即《常清靜經》所謂「湛然常寂。寂無所寂」也。

⓫**然則凡心躁競其次四句** 原注：「言習性煩惱，難可滅除，定力未成，暫停還失也。」案：習性與真心本性相對，指受習慣影響和俗塵染蔽的凡心。凡心受境物意念惑擾，妄動不已，初學修心者難以使之靜定，或雖能使心念暫定，不久又故態復萌。《坐忘論》曰：「然此心由來依境，未慣獨立，乍無所托，難以自安，縱得暫安，還復散亂。隨起隨制，務令不動，久久調熟，自得安閑。」

⓬**去留交戰二句** 原注：「心起染境，境來牽心，心境相染，故名交戰。妄念不息，百非自生，名曰百體流行。」

⓭**久久精思四句** 原注：「定心不起，則契真常，一念不收，千生遂廢。」案：經文言修習定心之法，須堅持不懈，久之心念自然收束，契合真常之道。不可因暫時未能收束心念，遂廢棄修習之大功業。

⓮**少得靜已** 原注：「初得清淨，正慧未生，故曰少得靜已。」（案《七籤》本經文作「少得淨已」。）

⓯**則於行立坐臥之時** 原注：「四威儀之時也。」

⓰**涉事之處二句** 原注：「見一切諸相，為涉〔事〕之處。起一切諸心，名為喧鬧之所也。」

案：經文所謂「涉事之處、喧鬧之所」，皆指俗世。

⑰**皆作意安**　原注：「息亂歸寂，名為作意，恬淡得所，名之為安也。」

案：經文「皆作意安」，謂使心意安寧不動也。道教重玄學說一方面強調俗世喧鬧不安，虛幻不實，要人收心離境，另一方面也不否認修道者須面對現實生活，涉足喧鬧場所。唯有涉事無惱，處喧無惡，無論何時何地都能保持心性清靜空寂，不動心念，不染俗塵，這才是真正的清靜安寧。

⑱**有事無事四句**　原注：「有無雙遣，寂用俱忘，萬法不二，名之惟一。」

案：經文言修道者無論外界有事或無事，都不能活動心念；無論處在寧靜或喧鬧中，都要保持心志專一。注文用重玄學「雙遣兩忘」說解釋經文，失之牽強。

⑲**若束心太急四句**　原注：「偏心執靜，名曰束心，心外見相，名為顛也。」

案：經文言修道者收束心念不可太急，以免勞心而致疾病也。原注解經亦失於牽強。可參見《觀妙經》校釋。

⑳**心若不動四句**　原注：「從定發慧，名為放任。定慧齊融，名曰得所。定多即愚，慧多即狂，定慧等用，名曰調適。」

案：經文言修道者不可使心靈死寂如同木石，須有所放任，常調適自心，使之收放自如，緩急合度。唐人所撰《三論玄旨》曰：「心想剛躁浮游，攝而不住者，即須放心，遠觀四極之境。」原注以「定慧齊融」解釋經意，未必中肯。可參見《觀妙經》校釋。

㉑**制而不著五句** 原注：「寂而常照，照而常寂；空而常用，用而常空。得本元寂，故為真定。」案：經文「制而不著，放而不動」，本意是說修道者控制心念，不可過於急切斷滅，亦不可放任心念妄動，應該收放合度。隋唐道士認為制心死寂或放任心動，皆為修持弊端。故《坐忘論》有云：「若心起皆滅，不簡是非，永斷知覺，入於盲定；若任心所起，一無所制，則與凡人元來不別。」《三論玄旨》也說：收心不可過於急切，要適當放鬆，但也不可放心太寬，「若捉心太急，急則傷心」；「放心太寬，寬則失理」。正確的方法應是「夫於放心之時勿令心斷，泯心之際勿覺心著」。修道者能收放合度，處在塵世喧囂中也無厭惡之心，遭遇繁雜之事也不感到苦惱，這才是真正的清靜。原注以「寂照體用如一」解釋經文，穿鑿過深。

㉒**不以涉事無惱四句** 原注：「習性塵勞，常須制御，不可縱逸。」

㉓**以無事為真宅二句** 原注：「見本性空寂，故為真宅。慧用無邊，故為應跡。」

㉔**若水鏡之為鑒二句** 原注：「本心清淨，猶如水鏡，照用無礙，萬象俱現，名為現形。」案：經文原意是說，清靜自然的真心本性如同止水明鏡，能夠映照萬物而顯現其不同的形象。這種照應事物的功用，就叫做「應跡」。

㉕善巧方便二句　原注：「諸法性空，寂無所起，故為入定。」

案：經文所謂「善巧方便」，即「善權」、「方便」之意（參見《清靜心經》校釋）。道教心性學說一方面宣揚真心空寂，要人斷絕外事，滅除念想；另一方面又說心能應跡照物，涉事無惱，制心不著，這些都是為引導眾生修道的方便說法，最終的目的是要達到定心止念的境界。心定則智慧發生，但此智慧乃自然生發，非人為可求。故經文又說：「慧發遲速，則不由人。」（參見《觀妙經》校釋）

㉖慧發遲速五句　原注：「急求知見，真定乃亡，貪著諸相，故云無慧。」

㉗若定不求慧三句　原注：「心體寂靜，妙用無窮，故名真慧。」

㉘慧而不用二句　原注：「了無分別，名之不用；韜光晦跡，故曰若愚。」（以上三條參見《觀妙經》校釋）

㉙益資定慧二句　原注：「寂照齊融，故云雙美無極。」

㉚若定中念想四句　原注：「為心取相，諸相應生，一切邪魔，競來擾亂。」

㉛所見天尊諸仙真人二句　原注：「此為諸相，不可取著。」

㉜唯令定心之上四句　原注：「前念不生，故云無覆；後念不起，故曰無基。」

㉝舊業日銷二句　原注：「宿習並盡，名曰舊業日銷。更不起心，故名新業不造。」

㉞無所罣礙二句　原注：「一切無染，故名無所挂礙。解脫無繫，故云迴脫塵籠。」

㉟行而久之二句　原注：「智照不滅，名曰行而久之。契理合真，故云得道。」

【語譯】

元始天尊告訴左玄真人說：若要修心悟道，首先要能夠捨棄外事，斷絕對外在事物的貪戀求取，使自心不與境物抵觸染著。然後靜坐，沉思冥想，澄心定念。如果覺察心中有欲念生起，必須立即清除，務必使心神安靜。其次心中雖沒有貪戀外物的欲念，但有分別是非好惡的妄想幻覺，也必須清除乾淨。如此晝夜不停地勤修苦行，無須臾間歇。在修習中只可除去受欲念擾動的妄心，不可將清靜明了的真心本性也泯滅了。修道者只能使心神空寂而無所停滯，不可使心神有所執著，受任何意念的束縛。心神不執著於任何色相或想法，才能保持湛然常寂。

但是世人的心性被俗塵染蔽已久，習慣於躁動不安，最初學習定心止念非常困難。或者雖能使心念暫時安定，不久又故態復萌。欲念在心中去留不定，與真心本性往來交戰，使人形神難得安寧。經過長久的勤苦修行，才能熟練掌握調和心念的方法，使心神安閑。因此修道之人必須堅持不懈，不可因為暫時收束心念不得，就輕易廢棄修心悟道的長久大業。

修道者在心神初步得到清靜後，就要在行立坐臥之時，待人做事之處，日常生活中隨時隨地都保持精神安定。無論遇到有事或無事，都不使心念活動；無論處在寧靜或喧鬧中，都要使心志專一。〔還要注意不可收心太急，制心過死。〕如果在修習中收束心念太急，又會導致疾病，走火入魔，生出精神瘋狂的症候。如果心神過於緊縮死寂，又須有所放鬆，任其自然，隨時調和自己的心情，使之鬆緊適度。要控制心念又不拘束過死，放鬆精神卻不妄動欲念，遭遇繁雜之事也不感到苦惱，處在塵世喧囂中也不感到厭惡，這才是真正的清靜安定。但是，也不要為了遇事無惱而故意自找多事，為了處喧無惡而勉強接近喧鬧。〔因為人的真心本性能靜能動，無事時處於空虛寂寞，有事時則能應事而動。〕空寂無事是心性的自然常態，有事應跡則是心性的功能作用。心性的功能如同靜止的水和明鏡，能夠映照萬物而顯現其不同的形象。

修心悟道可以有各種靈巧方便的方法，最終的目的是要達到定心止念的境界。心定則智慧自然發生，但智慧發生是快或是慢，則不能由人為決定。修道者不可在靜定中急於追求智慧發生，因為急於求慧會使心性受到傷害，心性受傷則不能得到智慧。如果在心性安定中不故意追求智慧，讓智慧自然發生，這才是真正的大智慧。得到智慧後仍保持心神清靜，大智若愚，無所用心，才能使心性更加安定，智慧更加清明，達到定慧雙美，寂照齊融的境界。如果在靜定中濫用智慧，想念過多，就會召來邪魔，各種妖精鬼怪都在心中顯現。這時在想像中見到的天尊、神仙、真人，實際上都是妖魔鬼怪的化身。因此修道者必須使自我的清靜真心豁然開朗，空虛無物，使從前的舊業障漸漸消除，現在的新業障不造作發生，心中無任何牽掛，精神徹底解脫，超越塵世的籠罩。這樣修行，久而久之自然就能達到心神與真道合一的境界。

二

夫得道之人，凡有七候。一者心得定，易覺諸塵漏❶；二者宿疾普銷，身心清爽❷；三者填補夭損，還年復命❸；四者延數萬歲，名曰仙人❹；五者鍊形為氣，名曰真人❺；六者鍊氣成神，名曰神人❻；七者鍊神合道，名曰至人❼。其於鑒力，隨候益明❽，得至道成，慧乃圓滿❾。若乃久學定心，身無一候，促齡穢質，色謝方空，自云慧覺，又稱成道者，求道之理，實所未然❿。而說頌曰：

智起生於境，火發生於緣。
各是真種性，承流失道源。
起心欲息知，心起知更煩。
了知性本空，知則眾妙門。

原經後跋：

道由心學，匪假他求；神依形住，罔有其外。我之靈明，亙今亙古，惟其纏於六情，是以戕我正念。貪嗔痴寐，種種見惑；背真向偽，無有殫期。寔惟真師，憫念眾生無知，故演此妙經，作人天規鑒，為證道梯航。是有定觀之說，發揮妙本，洞徹玄微，滌乎垢氛，超乎視聽，明無相於有形之後，致虛極於未兆之先，物我俱忘，形神俱妙。凡我羽流，敬之敬之。龍集壬申三月初吉，冷虛子稽首謹識。（錄自《正統道藏》洞玄部玉訣類）

【校　釋】

❶夫得道之人四句　原注：「心得清靜，塵念盡知，故曰覺諸塵漏。」

❷二者宿疾普銷二句　原注：「真氣胎息，痼疾盡瘳，體道合真，身輕不老。」

❸三者填補夭損二句　原注：「骨髓堅滿，故填補夭損。駐顏不易，名為還年復命也。」

❹四者延數萬歲二句　原注：「長生不死，延數萬歲，名編仙籙，故曰仙人。」

❺五者鍊形為氣二句　原注：「得本元氣，故曰鍊形為氣。正性無偽，故曰真人。」

❻六者鍊氣成神二句　原注：「真氣通神，陰陽不測，故曰神人。」

❼七者鍊神合道二句　原注：「真神契道，故曰至人。」

❽其於鑒力二句　原注：「鑒力者，常照不息也。益明者，明明不絕也。」

❾得至道成二句　原注：「若了本性，得道成真，智慧圓明，萬法具備。」

❿若乃久學定心八句　原注：「通神合道，即得道真成，心惑身亡，不離生死。《西升經》云：『是故失生本，焉能知道。』」（案：此條前四句，《七籤》本作：「通神合道，即身得道真，心證身亡，不離生死。」）

案：以上經文注解，均可參見《觀妙經》校釋。

【語　譯】

凡得道之人，其身心修煉可以達到「七候」（七個等級）。何為七候？修行第一候，內心達到清靜安定，容易覺察塵世欲念。修行第二候，使一切舊病皆得消除，身心清靜爽快。修行第三候，使人身中精氣神等生命要素的虧損得到填補，返老還童，恢復到初生狀態。修行第四候，可以延年數萬歲，超越塵世，成為仙人。修行第五候，可使身形化為元氣，長生不死，成為真人。修行第六候，可使元氣化作陽神，自由變化，成為神人。修行第七候，可使陽神化作虛無，與創造宇宙萬物的大道合為一體，成為至人。修道者內心覺照真道的功力，隨著他所達到的「時候」而愈益明了。修成得道的人，其智慧才圓滿完備。如果有人長期學習靜心工夫，卻未能達到一候，徒然使身心凋謝，幾近死亡。這種人即使自稱智慧覺悟，或自稱得道成真，但從求道的真理來看，實在是說不通的。於是天尊說了一首贊頌：

智起生於境，火發生於緣。
各是真種性，承流失道源。
起心欲息知，心起知更煩。
了知性本空，知則眾妙門。

太上洞玄靈寶觀妙經

【題　解】

簡稱《觀妙經》，撰人不詳。從內容文字看，與《定觀經》大同小異，蓋係唐代道士所作。經文收入《道藏》洞玄部本文類，無其它版本。

此經是講述道教徒心性修煉的要訣，全篇宗旨在「靜心凝神」四字，可分為二節。第一節講修心的法則。強調修心悟道應從斷絕欲念入手，「唯滅動心，不滅靜心；但凝空心，不凝有心」。收心斷念應漸修漸進，順其自然，不可急於求成。如能常使內心清靜，精神凝聚，則自然生成智慧，得道證真。第二節講修心鍊形的步驟和品級階次，分為「五時」、「七候」。五時從「心動多靜少」開始，逐漸收攝動心，直至心與道合，遇事不動。七候以「心得真定」為初階，最終達到鍊神合道，成為「至人」。全篇旨義受唐代道教上清派宗師司馬承禎的影響較大。

一

夫欲觀妙成真❶，先去邪僻之行，外事都絕❷。然後澄靜其心，所思次束次滅，習之既久，其心漸閑❸。唯滅動心，不滅靜心❹；但凝空心，不凝有心❺。靜心之上，豁然無覆；靜心之下，寂然無載。有事無事，常若無心；處靜處諠，其志唯一。若束心太急，又卻成疾，發乎狂痴，是其候也❻。心若不動，又須放任，恆自調適，勿令結滯❼。處諠無惡，涉事無惱者，此是真靜也。不以涉事無惱，故求多鑒乎靜。〔靜〕久神凝，天光自發❽。勿舉急求，致以乖自然。於靜境中見無所取，若有所取，則偽亂真❾。久而行之，自然得道❿。

【校釋】

❶**觀妙成真**　觀想微妙的玄道，以求成仙證真。《道德經》首章：「故常無，欲以觀其妙。……」又曰：「玄之又玄，眾妙之門。」河上公注：「妙，要也。」王弼注：「妙，微之極也。」

❷**外事都絕**　謂徹底斷絕對外在事物的過分貪戀和求取。忘物斷緣，是隋唐道教徒悟道修心的初步工夫。司馬承禎《坐忘論》曰：「是以修道之人，要在斷簡事物，較量輕重，識其去取。非要非重，皆應絕之。」

❸**所思次束次滅三句**　謂將心中的思想意念漸漸收束除滅，久而久之則心性自然安定閑適。收心離境，澄心靜慮，也是隋唐道士悟道修心的初步工夫。司馬承禎《坐忘論》曰：「學道之初，要須安坐，收心離境，住無所有。因住無所有，不著一物，自入虛無，心乃合道。」

❹**唯滅動心二句**　動心，指受外物誘惑，欲念擾動之妄心。靜心，指未受俗塵染蔽，自然清靜

的真心或道心。李道純《中和集》曰：「古云常滅妄心，不滅照心，一切不動之心皆照心也，一切不止之心皆妄心也。」道家哲學認為：世人之心皆有動有靜，妄心與照心、塵心與道心同處一體。修道者唯滅其欲動之心，則真心本性自然顯現，不可將清靜道心亦泯滅矣。《了心經》曰：「若夫修道，先觀其心。心為神主，動靜從心。心動無靜，不動了真。……不動不靜，無想無存。無心無動，有動從心。」

❺**但凝空心二句**　空心者，一無所有之清靜心也。有心者，有所執著欲動之心也。凝者，使心神凝聚而不散亂也。案隋唐道士對凝心修性有兩種不同的說法。一種受大乘佛教中道觀及見性成佛說影響，主張「凝空心不凝住心」，得性而遺形；另一種則受道教長生不死說影響，主張「凝住心不凝空心」，形神雙修。詳參見〈代序〉第三「觀行坐忘的修道方法」。

❻**若束心太急四句**　謂收束心念不可太急，以免勞心而致疾病也。隋唐道士雖主張收心離境，靜心安神，但又認為要使心性脫離境物，恬靜安頓下來，須有一個長期漸習的過程，不應強求頓悟，收束太急。因為世人之心已經習慣依託境物，若急於強行收束，則難以安定，甚至引發狂痴之症。故司馬承禎《坐忘論》曰：「此心由來依境，未慣獨立，乍無所托，難以自安，縱得暫安，還復散亂。」《天隱子》則說：「《易》有漸卦，老氏有妙門，人之修真達性，不能頓悟，必須漸而進之，安而行之。」

❼**心若不動四句** 謂不可使心靈死寂如同木石，須有所放任，使之能應物隨化，分辨善惡是非。隋唐道士雖主張除滅妄動之心，但又反對「執心住空」，盲目定心。因為真心與妄心、動心與靜心並非兩個絕對分離的實體，滅動心只是擯除執著物欲之念，使心不為物所動，並非不接觸事物，不辨別是非。故《坐忘論》批評有一種錯誤的修道方法：「若心起皆滅，不簡是非，永斷知覺，入於盲定。」正確的方法是使心能應物而不累於物，常調適自心，使之既不滯於有，亦不滯於無，在塵而不染，涉事而無惱，這才是真清靜。故《坐忘論》曰：「今則息亂（妄心）而不滅照（真心），守靜而不著空，行之有常，自得真見。」

❽**靜久神凝二句** 謂修道者心神清和寧靜，自然發出智慧之光。《莊子・庚桑楚》：「宇泰定者，發乎天光。」成玄英疏：「夫身者神之舍，故以至人為道德之器宇也。且德宇安泰而靜定者，其發心照物，由乎自然之智光。」司馬承禎《坐忘論》稱修道的第六階段為「泰定」，謂修心習靜者達到「無心於定，而無所不定，故曰泰定。」又說：「《莊子》云：宇泰定者發乎天光。宇則心也，天光則慧也。心為道之器宇，虛靜至極則道居而慧生。慧出本性，非適今有，故曰天光。」此智慧天光乃自然生發，不可遽以人為求取而傷害自然。故經文云：「勿舉急求，致以乖自然。」

❾**於靜境中見無所取三句** 謂得自然智慧者當靜而守之，不可濫用智慧求取名物，以偽亂真也。

《坐忘論》云：「慧既生已，寶而懷之，勿以多知以傷於定。非生慧之難，慧而不用為難。自古忘形者眾，忘名者寡，慧而不用，是忘名也。……定而不動，慧而不用，德而不恃，為無道過，故得深證常道。」

❿**得道**　指心神與道合一，為修道最後階段。《坐忘論》曰：「凝神寶氣，學道無心，神與道合，謂之得道。」

【語　譯】

若要觀想微妙的玄道，以求成仙證真，首先應該除去邪僻不正的行為，斷絕對外在事物的過分貪戀和求取。然後澄清心中的雜念，將一切思念漸漸收束除滅，修習長久之後，內心自然會漸漸安定閑適。修道者只可除去受欲念擾動的妄心，不可將清靜自然的真心本性也泯滅了。只能使心神空寂而無所停滯，不可使心神有所執著，受任何意念的束縛。要使清靜之心豁然開朗，空虛寂寞。無論外界有事或無事，都不能活動心念；無論處在寧靜或喧鬧中，都要保持心志專一。如果在修習中收束心念太急，又會導致疾病，走火入魔，生出精神瘋狂的症候。如果心神過於緊縮死寂，又須有所放鬆，任其自然安閑，要隨時調和自己的心情，不要使心靈凝結沉滯。處在塵世喧囂中也無厭惡之心，遭遇繁雜之事也不感到苦惱，這才是真正的清靜。不要為了遇事無煩惱而故意尋求清靜。心中長保寧靜，精神凝聚而不散亂，自然就會發出智慧之光。但不要為此急於求成，刻意追求，以致於違反自然。得到自然智慧後，仍應保持清靜，不可濫用智慧求取名物，如果有所求取，就會以偽亂真。這樣修行，久而久之自然就能達到心神與真道合一的境界。

二

夫得道者，心有五時，身有七候❶。一時心動多靜少❷；二時心動靜相半❸；三時心靜多動少❹；四時心無事則靜，有事還動❺；五時心常與道冥，觸亦不動❻。七候：一者心得真定，不雜囂塵❼；二者宿疾蠲消，身心清爽❽；三者填補虧損，復命還年❾；四者延齡度世，名曰仙人❿；五者鍊形為氣，名曰真人⓫；六者鍊氣成神，名曰神人⓬；七者鍊神合道，名曰至人⓭。其於鑒力，隨候益明⓮。夫久學靜心，都無一候，但令穢質⓯殂謝方空，欲成真道，未之聞也。

（錄自《正統道藏》洞玄部本文類）

【校釋】

❶**心有五時二句**　指修道者在修行中依次經歷幾個階段，身心達到的不同境界。《雲笈七籤》卷三十三載有唐人所撰《太清存神鍊氣五時七候訣》。宣稱修行存神鍊氣之術，「專心修者，百日小成，三年大成。初入五時，後通七候，神靈變化，出沒自存。……五時七候，入胎定觀耳。」本篇經文所說五時、七候，即係刪改《五時七候訣》而成。

❷**一時心動多靜少**　謂修行第一時，內心欲念妄動，少能清靜，與常人之心無異。《五時七候訣》曰：「第一時心動多靜少，思緣萬境，取捨無常，念慮度量，猶如野馬，常人心也。」

❸**二時心動靜相半** 指修行第二時，內心動靜參半，動心開始受到攝制。《五時七候訣》則稱：「第二時心靜少動多，攝動入心，而心散逸，難可制伏，攝之動策，進道之始。」此說與本篇經文有所不同。

❹**三時心靜多動少** 指修行到第三時，動心多半被制伏，但尚未完全安定，故靜多動少。《五時七候訣》則以動靜相半為第三時，稱：「第三時心動靜相半，心靜似攝，未能常靜，靜散相半，用心勤策，漸見調熟。」

❺**四時心無事則靜二句** 指修行到第四時，動心已基本收伏，但尚存殘念，若遇外事干擾則靜心復動。《五時七候訣》則以靜多動少為第四時，稱：「第四時心靜多動少，攝心漸熟，動即攝之，專注一境，失而遽得。」

❻**五時心常與道冥二句** 指修行到第五時，心神已完全與道合一，雖有外事觸動，亦能常保清靜安定。《五時七候訣》曰：「第五時心一向純靜，有事觸亦不動，由攝心熟，堅固準定矣。從此已後，處顯而入七候，任運自得，非關作矣。」

❼**一者心得真定二句** 謂修行者從第五時轉入第一候，內心已完全清靜安定，與道合一，不為外界喧囂擾動，不雜有絲毫塵世欲念。《五時七候訣》曰：「第一候宿疾並銷，身輕氣暢，停心在內，神靜氣安，四大適然，六情沉寂，心安玄境，抱一守中，喜憂日新，名為得道。」

此與經文第二候相當。

❽**二者宿疾蠲消二句** 謂修行到第二候，一切舊病皆得消除，身心清靜爽快。《五時七候訣》曰：「第二候超過常限，色返童顏，形憂心安，通靈徹視，移居別郡，揀地而安，鄰里之人，勿令舊識。」此與經文第三候相當。

❾**三者填補虧損二句** 謂修行到第三候，可使人身中精氣神等生命要素的虧損得到填補，從而返老還童，身心恢復到初生狀態。這是道教內丹修煉中的初步「築基」工夫。《五時七候訣》曰：「第三候延年千載，名曰仙人，游諸名山，飛行自在，青童侍衛，玉女歌揚，騰躡烟霞，彩雲捧足。」此與經文第四候相當。

❿**四者延齡度世二句** 謂修行到第四候，可以延年至千歲，超越塵世，修成仙人。仙人為神仙之低級稱號。《五時七候訣》曰：「第四候鍊身成氣，氣繞身光，名曰真人，存亡自在，光明自照，晝夜常明，游諸洞宮，諸仙侍立。」此與經文第五候相當。

⓫**五者鍊形為氣二句** 謂修行到第五候，可使身形化為元氣，長生不死，修成真人。真人是神仙的中級稱號，大致相當於內丹修煉中第二步「鍊精化氣」工夫。《五時七候訣》曰：「第五候鍊氣為神，名曰神人，變通自在，作用無窮，力動乾坤，移山竭海。」此與經文第六候相當。

⓬**六者鍊氣成神二句** 謂修行達到第六候，可使元氣化作陽神，自由變化，修成神人。神人是神仙的高級稱號，大致相當於內丹修煉中第三步「鍊氣化神」工夫。《五時七候訣》曰：「第六候鍊神合色，名曰至人，神既通靈，色形不定，對機施化，應物現形。」此與經文第七候相當。

⓭**七者鍊神合道二句** 謂修行到第七候，可使陽神化作虛無，與天地萬物並生，與創造宇宙萬物的大道合為一體，修成至人。至人是神仙的最高稱號，大致相當於內丹修煉的第四步「鍊神還虛」工夫。道教修持一般以達到神與道合為最高目標。但《五時七候訣》則以「煉神合色」為第六候，在此之上再加一候，宣稱：「第七候高超物外，迥出常倫，大道玉皇，共居靈境，賢聖集會，弘演至真，造化通靈，物無不達。修行至此，方到道源，萬行休停，名曰究竟。」此與大乘佛教色、法兩空，涅槃寂滅的究極境界相當。

⓮**其於鑒力二句** 謂修道者覺照真道之功力，隨其所達到的時候而愈益明了。鑒者，心鏡也。鏡能照物，心能悟道。修心如磨鏡鑒，時候愈久則愈光明。

⓯**穢質** 指色身。色身無常，終將凋謝歸空，故修心悟道當及時而行之。

【語譯】

凡得道之人，其修心攝念要經歷「五時」（五個階段），修身鍊形可以達到「七候」（七個層次）。〔何為五時？〕第一時內心欲念妄動，不得清靜，動心多而靜心少。第二時內心動靜參半，動心開始受到控制。第三時內心靜多動少，動心多半被制伏，但尚未安定。第四時動心已基本收伏，但尚存殘念，無事時內心清靜，若遇外事干擾則靜心復動。第五時心神已與真道合一，雖有外事觸動，也能保持清靜。何為七候？修行第一候，內心已達到清靜安定，不受外界喧囂干擾，沒有絲毫塵世欲念。修行第二候，使一切舊病皆得消除，身心清靜爽快。修行第三候，使人身中精氣神等生命要素的虧損得到填補，返老還童，恢復到初生狀態。修行第四候，可以延年至千歲，超越塵世，成為仙人。修行第五候，可使身形化為元氣，長生不死，成為真人。修行第六候，可使元氣化作陽神，自由變化，成為神人。修行第七候，可使陽神化作虛無，與創造宇宙萬物的大道合為一體，成為至人。修道者內心覺照真道的功力，隨著他所達到的「時候」而愈益明了。如果有人長期學習靜心工夫，卻未能達到一候，徒然使身心凋謝，幾近死亡。這種人想要得道成真，從未聽說過有這樣的事。

元始天尊說太古經

【題解】

簡稱《太古經》，撰人不詳，從內容文字看，大約出於唐宋之間。現存文本有《道藏》洞真部玉訣類所收《元始天尊說太古經注》，係金元時全真派道士長筌子注解。另外在洞真部玉訣類還收有長筌子、李道純二人的《太上赤文洞古經注》。此《洞古經》的經文旨義，與《太古經》大致相同，但文字頗有出入，可能是同一經書的不同版本。

經文假託為元始天尊所說，主要講述修仙長生的道理，分為三章。首章講元氣為萬物生存的根本，修道者若能覺悟此理，培植自身元氣，即可超越生死，與天地萬物合一。次章講修道者須忘卻耳目之見，才能使心神形氣合於天地萬物，永無生滅。末章講長生的修煉要訣為養其真火，固其真水，使水火相濟。又說修長生者要不視不聽，不華不榮，積精全神，寂寞無為。全篇大抵以老莊思想為本，以保養精氣神為修仙之要。有從隋唐重玄學向宋元內丹道過渡的特點，或許為晚唐五代道士所作。

天尊曰：有動之動，在乎無動❶；有為之為，在乎無為❷。氣住則萬物皆生，氣泯則萬物皆滅❸。物物相資，固養其根❹。默而悟之，我自植之❺，出乎無間❻，不死不生，與天地為一者哉！（以上《洞古經》題作《操真章》）

天尊曰：忘於目則光溢無極，泯於耳則心識常淵❼，兩機俱忘，是謂太玄❽。混混沌沌，合乎大方❾；溟溟涬涬，合乎無倫❿。天地

之大，我之無盈[11]；萬物之眾，我之所持[12]。曷有窮終，以語其弊哉[13]！（以上《洞古經》題作《入聖章》）

天尊曰：養其真火，身乃長存[14]；固其真水，體乃長在[15]。真真相濟[16]，故曰長生。天得其真故長，地得其真故久，人得其真故壽。世人所以不得長久者，養其外[17]，壞其內[18]也。長生之道，不視不聽，不華不榮，弃世離俗，積精全神，寂寞無為，乃得道矣[19]。（以上《洞古經》題作《住世章》）

茲為眾生即說偈曰：

天尊宣秘密，方便示慈悲。

法雨滋群品，玄談釋眾疑。

觀凡如夢幻，引接悟希夷。
水火歸爐竈，雲霞罩坎離。
沖虛通聖道，清靜結靈芝。
物得能長久，人行絕禍危。
逍遙三界外，永永證無為。（錄自《正統道藏》洞真部玉訣類）

【校釋】

（以長筌子《太古經注》為底本，用長筌子《太上赤文洞古經注》參校）

❶**有動之動二句**　「在乎無動」《洞古經》本作「出於不動」。案「有動之動」，指世間一切事物的運動變化。道家哲學認為一切事物皆源於靜止不變的「常道」，事物運動變化的最終結果，仍復歸於常道。因此靜止是根本，運動是末流，有動出於無動。《清靜心經》曰：「清靜為本，濁動為末……清者濁之源，靜者動之基。」

❷**有為之為二句**　「在乎無為」《洞古經》本作「出於無為」。按「有為之為」指人有目的有意

識的故意作為。道家哲學強調自然無為，無為的意思不是無所作為，而是人的行為必須符合自然，「無為而無不為」，因此說有為出於無為。

❸**氣住則萬物皆生二句**　道家哲學認為天地萬物的生長變滅，以及人之生死，都是元氣聚散所致。故經文曰：「氣住則萬物皆生，氣泯則萬物皆滅。」這兩句《洞古經》改作「無為則神歸，神歸則萬物云寂；不動則氣泯，氣泯則萬物無生」。意思是萬物皆有精神和形氣，萬物默然無為則精神返歸自然，清靜空寂；萬物靜止不動則形氣消散，無有生命，即《老子》所謂「歸根復命」也。氣，元氣。氣住，元氣凝聚。氣泯，元氣消散。

❹**物物相資二句**　謂萬物相互依賴借用，各自保養其根本。根本即元氣也。《洞古經》此二句作「神神相守，物物相資，厥本其根」。

❺**默而悟之二句**　謂修道之人默而沉思，覺悟萬物隨元氣聚散而生滅的道理，因此培植保養自我之根本，守護元氣使不散也。《洞古經》此二句作「默而悟之，我自識之」。意思是沉思覺悟生命的根本在於精神相守，形氣相資。

❻**出乎無間**　《洞古經》作「入乎無間」。《淮南子・原道》引老聃之言曰：「故天下至柔，馳騁天下之至堅。出於無有，入於無間。」謂大道柔弱如水，卻能無堅不入，自由往來於無限的宇宙空間。本篇經文所謂：「出乎無間，不死不生，與天地為一者哉！」是說修道者能使

自我超越生死，自由出入於天地之間，與大自然合而為一也。這是修煉得道的超越境界，即《莊子・齊物論》所謂「天地與我並生，而萬物與我為一」。

❼**忘於目則光溢無極二句** 謂閉目塞聽，則心照更加明亮，心識更加淵深。《老子》有「塞其兌，閉其門，終身不勤」之說。道家哲學認為對道的體悟證驗不能依賴耳目的見聞，而須閉目塞聽，反觀內視。

❽**兩機俱忘二句** 謂修道者若能忘卻耳目之見，擯除機巧之心，則真心自現，心與道合也。《洞古經》此二句作「兩機俱忘，絕眾妙之門。」兩機，指耳目之知，亦泛指機智靈巧。《莊子・天地》曰：「功利機巧，必忘夫人之心」；「機心存於胸中，則純白（真心）不備。」故道家主張忘機巧而存真心。太玄者，自然至真之道也。嵇康《贈秀才入軍》詩有「俯仰自得，游心太玄」之句。

❾**混混沌沌二句** 謂修道者擯除聰明機巧之後，內心處於無知無識、純真無染的狀態。這樣純真無知的心靈，才能「合乎大方」。混混沌沌，《洞古經》作「純純全全」。大方者，本義為大地，引申為自然大道。《莊子・秋水》：「吾常見笑於大方之家。」王先謙注引司馬彪云：「大方，大道也。」

❿**溟溟涬涬二句** 謂修道者使自身氣息達到混沌微妙的狀態，才能「合乎無倫」。溟溟涬涬，或

作「涬溟」，指混沌未分的自然元氣。《論衡・談天》：「溟涬蒙澒，氣未分之類也。」《莊子・在宥》：「大同乎涬溟。」王先謙注引司馬彪曰：「涬溟，自然氣也。」無倫者，無比精細微妙之物也。《莊子・則陽》有「精至於無倫，大至於不可圍」之句。

⓫**天地之大二句**　意思是說修道者與天地萬物合而為一，雖如天地之大，亦能存乎我心中，不覺其盈滿也。《洞古經》此二句作「天地之大，我之所維」，謂天地廣大，是我之維繫寄託也。

⓬**萬物之眾二句**　謂萬物雖多，皆為我所持用也。

⓭**曷有窮終二句**　意思是說修道者與宇宙同在，無窮盡終了之期，亦無弊盡壞滅之時也。

⓮**養其真火二句**　謂修道者保養元神，可使自身常存不死。真火係道教內丹術語，指人身中先天固有的元神，或稱真神、陽神、真汞。修行者應保養天然真火，用真火烹煉精氣，結成金丹大藥。宋張伯端《悟真篇》云：「內有天然真火，爐中赫赫長紅。」王沐《悟真篇淺解》說：「真火，真神也。大藥之成，不離神炁自相隨。」此二句《洞古經》作「養其無象，象故常存」。無象指精神，象指形體。謂保養精神才能使形體長存。

⓯**固其真水二句**　謂修道者固守精氣，可使自身形體長在。真水係內丹術語，指人身中先天固有的元精元氣，或稱真精、真氣、腎水、真鉛。修道者應固守先天精氣，以元精元氣為藥材，與元神合煉成丹。《鍾呂傳道集・論還丹》：「真水真氣合而成精，精在下〔丹〕田。」《悟

真篇》曰：「不識真鉛正祖宗，萬般作用枉施工。」朱元育《悟真篇闡幽》說：「真鉛是先天一炁，從虛極靜篤中來，雖似有作，其實無為，乃造化之根源，大丹之宗祖。」此二句《洞古經》作「守其無體，體故全真」。無體指精氣，體指形體。謂固守精氣才能使形體保全。

⑯**真真相濟**　謂真火與真水陰陽互補也。內丹家以真火為坎為陽，真水為離為陰。又稱陽中有陰，陰中有陽，陰陽互補，水火相濟，方可煉成純陽之身，超越生死。此即經文所謂：「真真相濟，故曰長生」之意。此二句《洞古經》作「全真相濟，可以長久。」

⑰**養其外**　謂恣口腹之欲以養形體。

⑱**壞其內**　謂染著世塵而敗壞精氣神。

⑲《洞古經》末尾數句為「世人所以不能長久者，為喪其無象，散其無體。不能使百骸九竅與真體並存，故死矣」。

【語　譯】

元始天尊說：一切事物的變動，都離不開靜止不變的常道；一切眾生的行為，都要符合自然無為的法則。元氣凝聚則萬物都生長，元氣消散則萬物都死滅。天地間萬物相互依賴，各自保養其根本（，萬物的根本就是元氣）。修道之人靜默沉思，覺悟了萬物都隨元氣聚散而生滅的道理，因此培植保養自身的元氣。他們能自由往來於天地之間，超越生死之外，達到與天地萬物合而為一的崇高境界。

元始天尊說：不用眼觀的人心照更加明亮，不用耳聽的人心識更加淵深。修道者若能徹底忘卻耳目的見聞，則其真心與大道自然相合。我的心靈純真無知，就像天地那樣包容廣大；我的氣息含渾未分，就像元氣那樣無比精微。天地雖然廣大，卻能包容在我心中；萬物雖然眾多，卻能被我掌握利用。天地萬物與我同在，永無窮盡之時，更不用說敗壞滅亡了。

元始天尊說：保養身中的元神真火，可使自身長存不死；固守身中的精氣真水，可使形體長在不壞。真火與真水陰陽互補，元神與精氣水火相濟，才能超越生死，長生久壽。上天得到真氣所以能長存，大地得到真形所以能久遠，神人得到真性所以能長壽。世間俗人之所以不能得到長生久壽，因為他們只會保養其外在的形體骨肉，而敗壞其內在的元神精氣。要想得到長生，必須做到眼不觀色，耳不聽聲，不追求榮華富貴，拋棄世俗名利，積精全神，寂寞無為，這樣才能得道成仙，長生不死。

因此天尊為世間眾生說出一首偈文：

天尊宣秘密，方便示慈悲。
法雨滋群品，玄談釋眾疑。
觀凡如夢幻，引接悟希夷。
水火歸爐竈，雲霞罩坎離。
沖虛通聖道，清靜結靈芝。
物得能長久，人行絕禍危。
逍遙三界外，永永證無為。

元始天尊說生天得道經

【題解】

簡稱《生天得道經》，撰人不詳。從內容文字看，大約出於唐宋之間。南宋初編成的《秘書省續四庫書目》著錄「生天得道經一卷」，當即此書。現存文本有《道藏》洞真部本文類收錄的白文本。另有金元道士王吉昌撰寫的《生天經頌解》，收入《道藏》洞真部贊頌類。

經文假託元始天尊為諸天仙眾講說，主要講修道成仙的法則。其修鍊法有性命雙修的特點。大抵以收心止念，內觀淨照為主，但又主張調和臟腑，導引真氣，解除罪業，節飲食，去三尸，最終以證妙三元，得道升仙為旨歸。此種形神雙修的方法，與《太古經》相似，大約出於晚唐五代道士之手。此經被列入道士每日早晚功課必誦經書之一，影響較大。

爾時元始天尊在大羅天上玉京山中❶，為諸天仙眾說此《生天得道真經》。告諸仙曰：吾今為汝略啟身心，明宣道要。十方❷得道神仙，皆從此經修行，而通微奧❸。善男子、善女人，依憑齋戒，作是津梁❹，一切有為❺，顯諸真路❻，體此法相❼，乃可受持。能屏眾緣，永除染著，外想不入，內想不出❽，於正念❾中，皆得五臟清涼，六腑調泰。三百六十骨節❿之間，有諸滯礙，十惡之業⓫、百八十煩惱之業⓬，眾苦罪源⓭，悉皆除蕩。即引太和真炁⓮，注潤身田，五臟六腑。心目內觀，真炁所有，清靜光明，虛白朗耀。杳杳冥冥，內外無事，昏昏默默，正達無為，古今常存，總持淨念。從茲解悟，道力資扶⑮，法藥⑯相助。仍⑰節飲食，驅遣鬼尸⑱，安寂六根⑲，淨照八識⑳，空其五蘊㉑，證妙三元㉒，得道成真，自然升度。

爾時諸天仙眾〔上〕白天尊㉓言：自從無始以來，至於今日，未聞如是大乘經典。我等緣茲幸會，廣及一切，道果㉔圓明㉕。而說偈曰：

杳杳冥冥清靜道，昏昏默默太虛蹤。

體性湛然無所住，色心都寂一真宗。

【校釋】

❶**大羅天上玉京山中** 道教宣稱地上有三十六天，依次為三界二十八天、四梵天、三清天、大羅天。據說大羅天在三清之上，為最高天境，天上有玉京山。《雲笈七籤》卷二十一引《玉京山經》曰：「玉京山冠於八方諸大羅天，……其山自然生七寶之樹，一株乃彌覆一天，八樹彌覆八方大羅天矣。即太上無極虛皇大道君之所治也。」又據《元始上真眾仙記》引《真記》曰：「玄都玉京七寶山，周回九萬里，在大羅之上。城上七寶宮，宮內七寶臺，有上中下三宮……上宮是元始天王、太元聖母所居，中宮是太上真人金闕老君所治，下宮是九天真皇三天真王所治。」按上文所謂「太上無極虛皇大道君」，即元始天尊，或稱元始天王。南北朝隋唐道經多假託元始天尊在玉京山七寶林中講述。

❷**十方** 指空間的各個方面。四面八方及上下，合稱十方。

❸**微奧** 指微妙深奧的道理。

❹**津梁** 原義為渡口橋梁，佛道書中引申為指引眾生達到覺悟境界的道法和教義。

❺**一切有為** 即一切眾生。

❻**顯諸真路** 顯示成仙證真的路徑。

❼**體此法相** 體驗道法實相。法相即真如實相，參見《智慧觀身經》校釋。

❽**外想不入二句** 即徹底斷絕一切塵緣心念。《得道了身經》曰：「眼不觀邪色，耳不聽淫聲，洗心滌慮，對境忘境，萬緣消息，外想不入，內想不出，莫起一念，萬事俱忘。」外想，指心與外在境物接觸而生出的欲念想法。內想，指心不與外物接觸時生出的想法，如執著空無，妄想仙真等。

❾**正念** 指修煉者摒除一切念想所達到的清靜心態。《規中指南》：「蓋無念之念，謂之正念。」《玄機直講》：「不即不離，勿忘勿助，萬念俱泯，一靈獨存，謂之正念。」

❿**三百六十骨節** 指人全身的骨骼關節。中醫認為人周身有三百六十關節，與周天三百六十度數相應。

⓫**十惡之業** 佛教所謂的十種罪行，與十善業相對，亦稱十不善道。據《法界次第初門》卷上，此十惡為：一殺生、二偷盜（或譯不與取）、三邪淫、四妄語（或譯虛誑語）、五兩舌（或譯離間語）、六惡口（或譯粗惡語）、七綺語（或譯雜穢語）、八貪欲、九嗔恚、十邪見。道書中亦有十善十惡之說，據《雲笈七籤》卷三十八引《太霄琅書》，稱十惡為：一者妄言、二者綺語、三者兩舌、四者罵詈、五者貪愛、六者竊盜、七者奸淫、八者嫉妒、九者恚嗔、十者邪

痴。此十惡又可分作三類，即口業（一至四）、身業（五至七）、意業（八至十）。

⑫**百八十煩惱之業** 道書中有「老君說百八十戒」，列舉一百八十條不得造作的惡行。據說由太上老君傳授仙人于吉。戒文詳見《雲笈七籤》卷三十九。

⑬**眾苦罪源** 佛道二教宣稱人生有諸多苦難，皆為前世所造罪惡的報應，因此前世罪業乃今世諸苦的根源。

⑭**太和真炁** 即自然元氣，乃陰陽二氣沖和而生。《周易・乾彖》：「保合太和，乃利貞。」朱熹《周易本義》曰：「太和，陰陽會合沖和之氣也。」

⑮**道力資扶** 謂覺悟正道之人，可得大道的功力資助扶持。

⑯**法藥** 指對治罪惡行為的道法和善行。《雲笈七籤》卷四十有〈說百病〉、〈崇百藥〉兩節文字。所謂百病不是指生理疾病，而是指一百種不道德的惡行，如喜怒無常、忘義取利、好色壞德、縱貪蔽過等等。醫治這些惡行的一百種善行，被稱作「百藥」。如體弱性柔是一藥、行寬心和是一藥、動靜有禮是一藥、起居有度是一藥等等。本篇所謂的「法藥」，與百藥之義相似，也是指助人治療道德疾病的「藥」。

⑰**仍** 讀作「乃」。

⑱**鬼尸** 又稱三尸或三彭，是指在人體內作祟害人的鬼神。《酉陽雜俎・玉格》云：「三尸一日

三朝。上尸青姑，伐人眼；中尸白姑，伐人五臟；下尸血姑，伐人胃命。」三尸之外，又有所謂五尸、九蟲。道教認為這些尸蟲害人性命，亂人精神，因此有守庚申、誦咒、服藥等驅除鬼尸的法術。詳見《雲笈七籤》卷八十一、八十二。

⑲六根　參見《智慧觀身經》校釋。

⑳八識　原係佛教唯識宗術語，指人的八種認識，即眼識、耳識、鼻識、舌識、身識、意識、末那識、阿賴耶識。其中前六識亦稱六根識，屬於表層的常識。第七末那識，意為執持我見，即深層的自我意識；第八阿賴耶識，是含藏一切諸法種子並且恆執不失的「藏識」，或稱「一切種識」。道教內丹家借用八識來指稱識神，認為識神為人的氣質之性，更高的元神才是天命之性。《性命圭旨》有所謂八識歸元說：「釋氏謂人之受生，必從父精、母血、前生之識神三相合而後成胎。精氣受之父母，神識不受之父母也。蓋〔識神〕從無始劫流來，亦謂之生滅性，故曰生滅與不生滅和合，而成八識也。蓋造化間有個萬古不移之真宰，又有個與時推移之氣運。真宰與氣運合，是謂天命之性。天命之性者，元神也；氣質之性者，識神也。故儒家有變化氣質之言，禪宗有返識為智之法。今人妄認方寸中有個昭昭靈靈之物，渾然與物同體，便以為元神在是，殊不知此即生生死死之本，非不生不滅之元神也。」按此說不盡正確，實際佛教所說的前七識才相當於識神，而阿賴耶識為恆藏諸法種子的根本識體，相當於元神。

本篇經文說「淨照八識」，顯然也對佛教的八識有誤解，因為在心性修煉中阿賴耶識不能也不應「淨照」。

㉑**五蘊**　參見《智慧觀身經》校釋。

㉒**三元**　道書中對三元有多種解釋，或指天地人，或指日月星，或指水火土，或指上中下三丹田，或指三元節日，或指人身中元精、元氣、元神。從本篇上下文看，「證妙三元」應指精氣神三元，即內丹家所謂元精元氣元神合煉為一，證道成真的境界。

㉓**上白天尊**　上奏元始天尊。白者，稟告、陳述也。

㉔**道果**　指修煉得道的功果。

㉕**圓明**　圓滿光明。

【語　譯】

從前元始天尊在最高的大羅天上玉京山中，為諸天界的神仙大眾講說這篇《生天得道真經》。天尊告訴諸位神仙：今天我為你們啟示修煉身心的法則，闡明自然大道的主要觀點。世間十方修煉得道的那些神仙，都是從修行這篇經文後，才通曉了微妙深奧的道理。一切信仰道教的善男善女，都要遵守齋儀戒律，接受道法教義的引導；一切有為的生命，都要顯示求仙登真的路徑，體驗道法實相，然後才能受持這篇經文。〔修持這篇經文的人，〕能夠隔斷自我心性與外界境物的接觸，永遠消除貪戀執著外在事物的欲念，使心中不雜入塵世欲念，也不生出邪念妄想。在身心清淨無念的境界中，五臟都得到清涼爽快，六腑都感到調和安泰。全身三百六十骨節之間所有的鬱結滯礙、十大罪孽、一百八十種煩惱惡業，以及一切導致人生痛苦報應的罪惡根源，通通都掃除乾淨。於是修道者引導天地間陰陽和合的自然元氣，注入自身之中，滋潤五臟六腑；收攝心思目光，返觀內視，身中元氣所到之處，都清靜光明，虛豁照耀。心中空空蕩蕩的，沒有任何事情牽掛；精神靜靜悄悄的，不起任何念頭想法。古往今來的一切似乎都在心中，又好像一無所有，乾乾淨淨。由此而使精神得到解脫，大徹大悟，有大道的功力扶持，有善良的德行幫助，克服和治療罪惡的疾病。於是修道者節制飲食，驅逐在身中作祟的三尸鬼怪，使六根清靜安寧，用智慧淨照八識，洞見五蘊皆空的真諦，證驗精氣神三元合一的妙境，終於得道成真，自然白日升仙，超離塵世。

那時諸天界的神仙大眾，都啟奏元始天尊說：自從這世界尚未形成之前以來，直至今日，從沒有聽說過如此玄妙的大乘經典。我等有緣參加這個集會，真是道法無邊，功果圓滿。於是說出偈文一首：

杳杳冥冥清靜道，昏昏默默太虛踪。
體性湛然無所住，色心都寂一真宗。

參考書目

太上升玄消災護命妙經頌（唐・司馬承禎）
太上升玄消災護命妙經注（元・李道純）
太上升玄消災護命妙經注（元・王道淵）
太上老君說常清靜經注（唐・杜光庭）
太上老君說常清靜經注（金・侯善淵）
太上老君說常清靜經頌注（金・劉通微）
太上老君說常清靜經注（元・李道純）

太上老君說常清靜經注（元・王元暉）

太上老君說常清靜經注（元佚名氏）

太上老君說常清靜妙經纂圖解注（元・王道淵）

洞玄靈寶定觀經注（唐・冷虛子）

元始天尊說太古經注（金・長筌子）

太上赤文洞古經注（金・長筌子）

無上赤文洞古真經注（元・李道純）

生天經頌解（金・王吉昌）

老君道德真經注（魏・王弼）

老子道德經開題序訣義疏（唐・成玄英）

道德真經注（唐・李榮）

道德真經疏義（唐・趙志堅）

道德真經廣聖義（唐・杜光庭）

南華真經注疏（晉・郭象注、唐・成玄英疏）
太上妙法本相經
太上洞玄靈寶升玄內教經
太玄真一本際經
太上一乘海空智藏經
無上內秘真藏經
太上虛皇天尊四十九章經
道德義淵（梁・宋文明）
道門經法相承次序（唐・潘師正）
道教義疏（唐・孟安排）
雲笈七籤（宋・張君房編）
玄珠錄（唐・王玄覽）
道體論（唐・通玄先生）

坐忘論（唐・司馬承禎）
天隱子（唐・司馬承禎）
宗玄先生文集（唐・吳筠）
玄綱論（唐・吳筠）
三論玄旨（唐佚名氏）
大道論（五代・周固朴）
莊列十論（宋・李士表）
太虛心淵篇（宋佚名氏）
三要達道篇（宋元佚名氏）
六根歸道篇（宋元佚名氏）
敦煌道經・目錄編（日・大淵忍爾）
敦煌道經・圖錄篇（日・大淵忍爾）
中國重玄學（盧國龍）

漢魏兩晉南北朝佛教史（湯用彤）

隋唐佛教史稿（湯用彤）

中國佛學源流略講（呂澂）

中國佛教史（任繼愈主編）

宗教詞典（上海辭書出版社）

◎新譯阿彌陀經

蘇樹華／注譯

《阿彌陀經》所說的阿彌陀，即是諸人的自性妙體。《阿彌陀經》所說的極樂淨土，即是諸人的自心實相。所謂「自性彌陀，唯心淨土」。《阿彌陀經》所說的種種變化，種種莊嚴，皆是諸人的自性妙體的變化所作，皆是諸人的自性妙體的清淨莊嚴。《新譯阿彌陀經》一書，遵循「自性彌陀，唯心淨土」這一宗旨，詳細地闡釋了《阿彌陀經》的深層含義。

◎新譯法句經

劉學軍／注譯

《法句經》是從早期佛典中輯錄出來的佛教格言偈頌集，是一部深受廣大佛教信眾喜愛的經典。另外，由於早期佛教思想，比較接近人類本真的心理狀況和倫理需求，所以這部經典也為現代人提供有益的道德啟發和人生智慧的滋養。《法句經》的語言具有高度的濃縮性、鮮明的形象性，以及回環往復的語體化的文學特徵，讀者在閱讀過程中，肯定能獲得極佳的閱讀體驗和審美享受。

◎新譯列仙傳

張金嶺／注譯　陳滿銘／校閱

《列仙傳》是中國歷史上最早有系統地為神仙立傳的專著，開啟後代道士或文人為神仙立傳的先河。本書描寫各歷史時期及各色人等的成仙事蹟，意在向人們說明世有神仙，而神仙也可求。本書不僅是宗教研究者，特別是喜歡養生術之人的參考書，更是文辭典雅、意味雋永的文學作品，對中國文學藝術有很大的影響。

◎新譯黃庭經・陰符經

劉連朋、顧寶田／注譯

「白頭始悟頤生妙，盡在《黃庭》兩卷中」。《黃庭經》不僅奠定了道教上清經派的教理基礎，也是唐宋以來內丹說的主要理論來源之一。《陰符經》又稱《黃帝陰符經》，其思想內容主要是繼承和發揮先秦道家和陰陽五行學說，理論概括性強，文約義深，因此特別受到道教界的重視。本書將兩經合刊注譯解析，詮釋明白曉暢，期能對有心認識內丹理論或持道修煉的讀者有所助益。

國家圖書館出版品預行編目資料

新譯道門觀心經／王卡注譯;黃志民校閱.——二版六刷.——臺北市：三民，2024
面；　公分.——(古籍今注新譯叢書)

ISBN 978-957-14-2914-4 （平裝）
1.道藏 2.注釋

231　　87012406

古籍今注新譯叢書

新譯道門觀心經

注 譯 者｜王　卡
校 閱 者｜黃志民

發 行 人｜劉振強
出 版 者｜三民書局股份有限公司
地　　址｜臺北市復興北路 386 號 (復北門市)
　　　　　臺北市重慶南路一段 61 號 (重南門市)
電　　話｜(02)25006600
網　　址｜三民網路書店 https://www.sanmin.com.tw

出版日期｜初版一刷 1998 年 11 月
　　　　　初版四刷 2006 年 2 月
　　　　　二版一刷 2009 年 8 月
　　　　　二版六刷 2024 年 1 月
書籍編號｜S031720
I S B N｜978-957-14-2914-4

三民書局